おりがみ★コレクション

Potブックス mini

キュート! ときめきおりがみ

チャイルド本社

ときめきおりがみ なにつくる？
P.8 りぼん
P.22 ちょうちょう
P.38 バラのはな
P.12 クローバー
P.17 うさぎ
P.40 ハート
P.46
きらきらスター
P.20 チューリップ
ゆめ
おちゃめな どうぶつ
きらきら かわいい
アイテム《あいてむ》
P.10 ひよこ
P.30 こねこ
P.9 ティアラ
P.36 こいぬ
P.42 2しょくハート
P.18 はくちょう

はなばたけ

P.24 クロッカス

P.25 あさがお

きせつの イベント《いべんと》かざり

P.32 まじょ

P.34 ジャック・オ・ランタン

P.44 サンタさん

P. 14 おひなさま&おだいりさま

P. 26 おりひめ&ひこぼし

だいすき！ フルーツ《ふるうつ》&おやつ

P.13 いちご

P.28 パイナップル

P.29 すいか

P.16 プリン

おったり かいたり
たのしすぎる！

もくじ

かんたん ♥♡♡ はじめてでも OK！
ふつう ♥♥♡ なれてきたら トライ！
チャレンジ ♥♥♥ がんばって やってみよう！

このほんに　でてくる　きごう

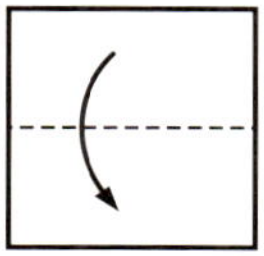

てまえにおる
（たにおり）

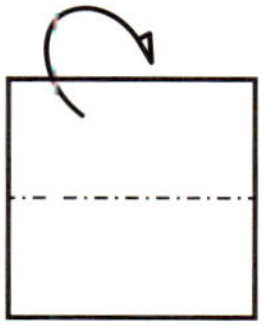

むこうがわにおる
（やまおり）

おったせん

うらがえす

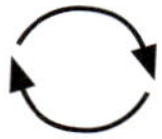

むきをかえる

ずが
おおきくなる

ずが
ちいさくなる

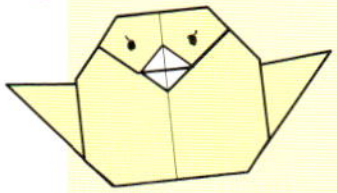

先生・
おうちのかたへ

子どもの発達とおりがみ

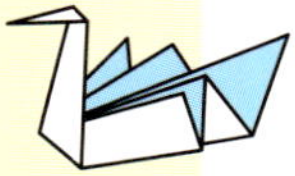

年齢や発達に合わせて、子どもとおりがみの関わり方は変わっていきます。
それぞれの段階での子どもの姿をおさえておきましょう。

3歳児　「おりがみと触れ合う」ことで楽しむ！

遊んだり、飾ったりして、おりがみに親しむことからスタート。作品の完成を目的にせず、自由な発想で楽しみましょう。時には丸めたりやぶったりしたものを使って「何に見える?」とイメージをふくらませるのも◎。

4歳児　「できた！」を繰り返して好きになる！

自分とまわりを比べて、苦手意識も生まれる時期です。作れるものをどんどん作って、満足感を得るのがポイント。難しいところは大人がヘルプでOK！　最後は自分の手で仕上げると達成感がもてます。

5歳児　自分から楽しむようになる！

「作りたい」気持ちが高まり、自分で作品を選んだり、少し難しいものに挑戦する姿も見られます。本を見ながら、工程を追って自分で折れる子も。３歳児、４歳児での体験をベースに、子ども同士で教え合うと、やる気がアップ！

やる気がわいてくる!
ノリノリで楽しめる!

子どもの理解を助ける伝え方のコツ

アドバイスは隣で

まずは、隣に座って一緒に折りましょう。手元を見比べられるように、同じ向きに座るのがポイント!

印つきの大きなお手本

あらかじめ★印や点線を書き入れた20×20cmくらいの大きなお手本を用意。折る方向も合わせる部分も、“とにかく見て分かりやすく”なります。

お手本をさわって

お手本を用意して、よく観察したりさわったりしながら折りましょう。直接、完成品をさわることでイメージがしやすくなります。

キラキラおりがみでテンションアップ!

みんな大好きなホログラムおりがみや金銀おりがみは、ここぞという時に使いましょう!
気持ちが高まり、やる気がアップします。

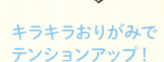

動作やモノにたとえましょう

折り方を伝える時には、人の動きや身近な物にたとえるのがコツ。

サイズの目安は具体的に

折る幅や程度は、「お母さん指の爪ぐらい」「指１本分あけて」など、分かりやすい言い方がおすすめです。

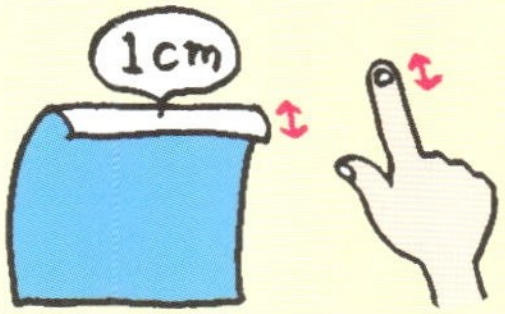

完成イメージを伝える

「最後にここに顔を描くからね」など完成のイメージを伝えると、見通しを立てながらスペースをあけたり、形を整えたりすることができます。

おりがみを楽しむきっかけ作り

遊んでみよう！

子どもが好きそうなアイテムを作りおき！好きなものを選んで遊びに使いながら、おりがみに親しみます。

おたすけOK！

困ったときは大人がヘルプ。うまくいかない時こそ、「できた！」の喜びを繰り返し味わうことが大切です。得意な子に教えてもらうのも◎。

飾ろう！

できたものにはしっかり注目して、部屋に飾ったり言葉をかけたりすると、「またやりたい！」という気持ちが湧いてきます。

かわいい

スタート《すたあと》

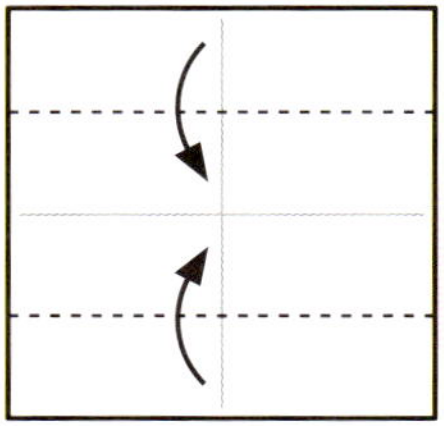

1 たてとよこに　おりすじを
つけて　ひらく。
まんなかの　せんに
あわせて　おる

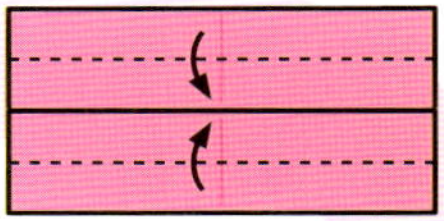

2 さらに　まんなかの
せんまで　おる

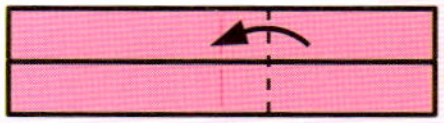

3 みぎがわを
まんなかの　せんから
ゆび１ぽんぶんの
ところで　おる

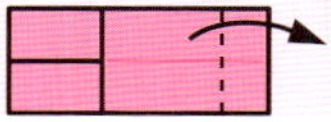

4 ひらくように
てんせんで　おる

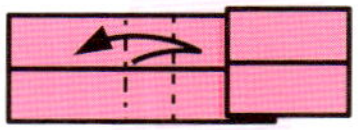

5 ひだりがわも
おなじように　おる

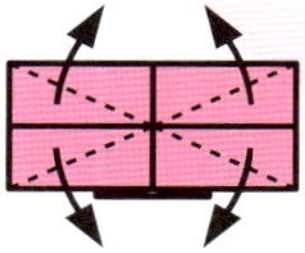

6 おったところ。
やじるしのように
ひらいて　おる

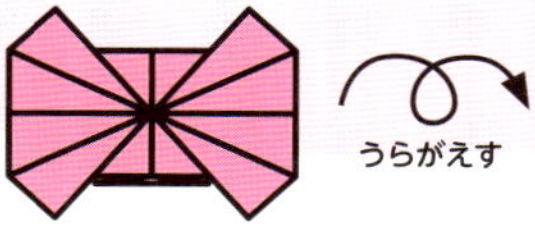

7 おったところ

できあがり

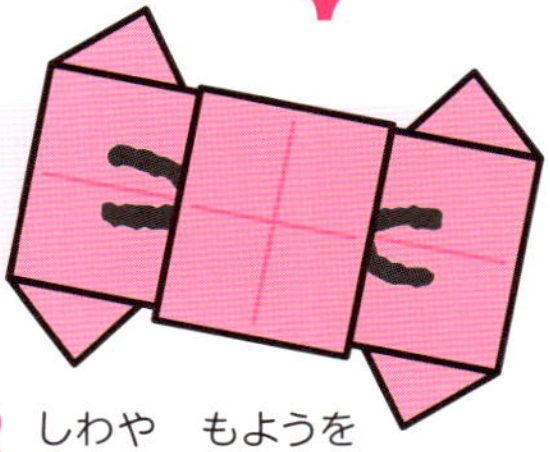

8 しわや　もようを
かきこむ

りぼん

いろとりどり
いっぱいつくろ！

ふつう ♥♥

かぶればプリンセス《ぷりんせす》♪

ティアラ《てぃあら》

かんたん ♥♡♡

スタート《すたあと》

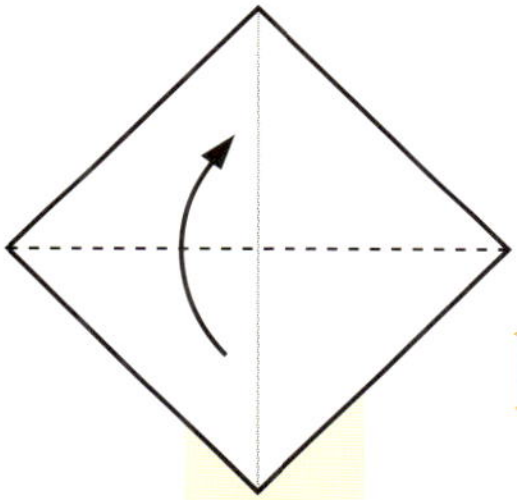

1 たてに　おりすじを
つけてから
さんかくに　おる

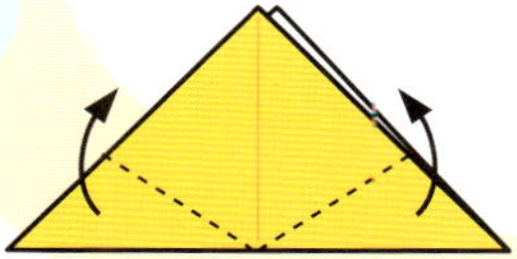

2 りょうがわを
てんせんで
うえに　おる

うらがえす

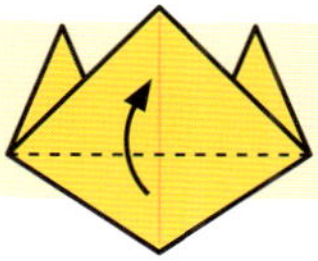

3 てんせんで
うえに　おる

4 りょうがわの
かどを　おる

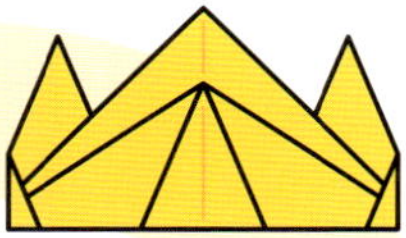

5 おったところ

6 クレヨン《くれよん》や　シール《しいる》で
かざる

できあがり

プリンセス《ぷりんせす》に
へんしん!

ちっちゃくてキュートな《きゅうと》 ひよこ

ふつう ♥♥♡

スタート《すたあと》

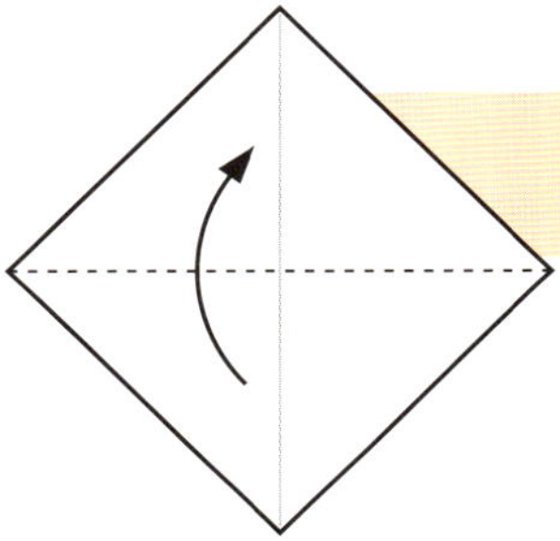

1 たてに　おりすじを
つけてから　さんかくに
おる

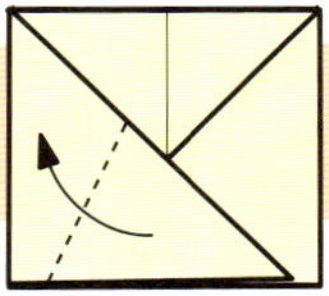

6 かどを
ななめに　おる

7 はんたいがわも
おなじように　おる

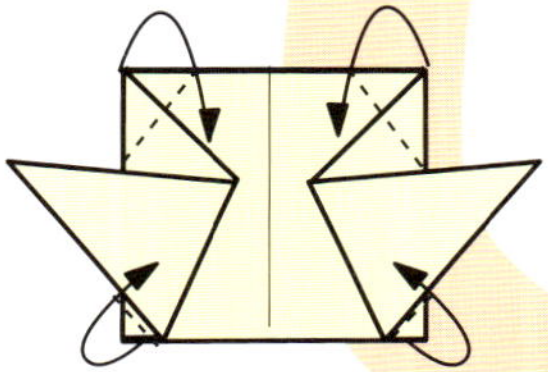

8 かどを
てまえに
おる

できあがり

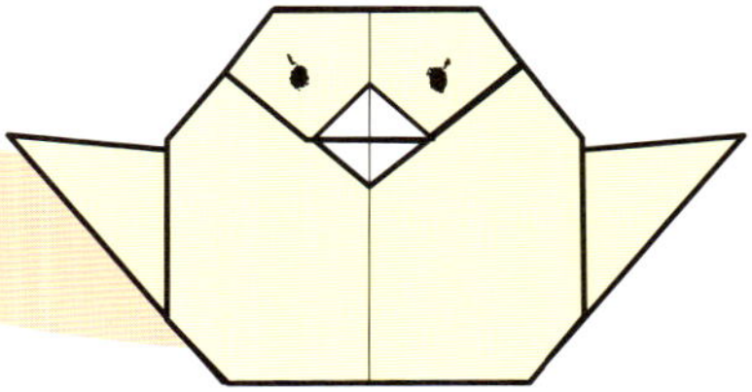

9 めをかく

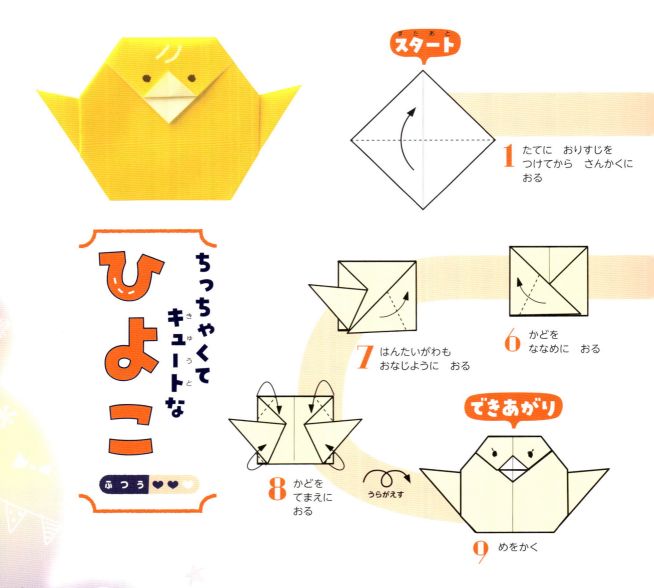

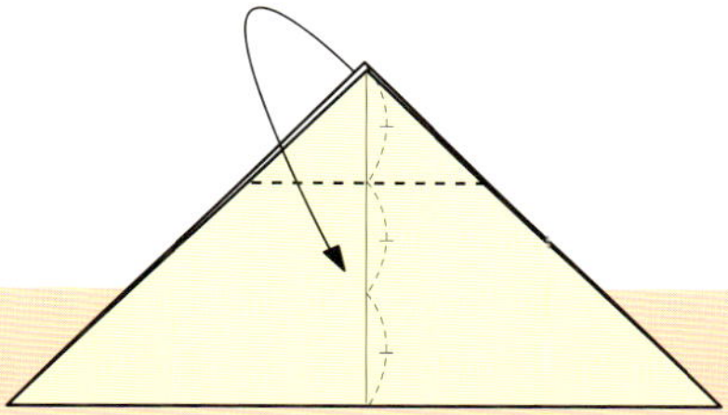

2 かどを
したにおる

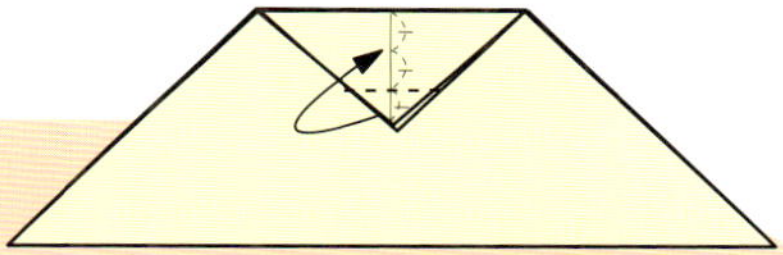

3 うえの1まいを
すこし　おる

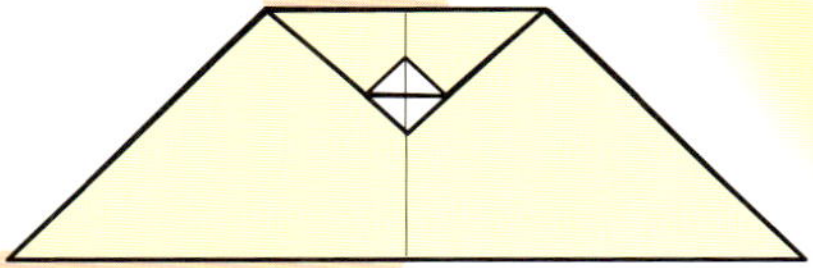

4 おったところ

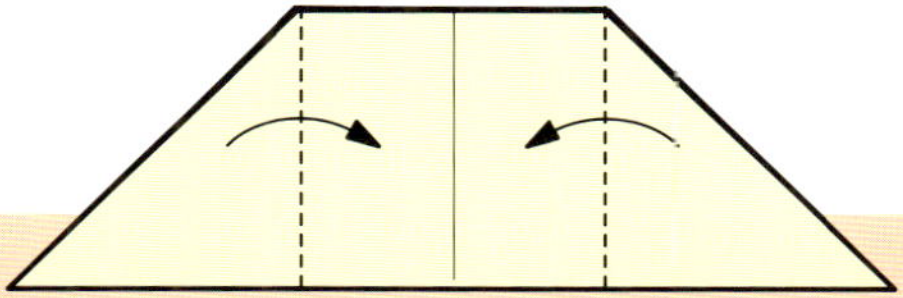

5 うちがわに　むかって
おる

クローバー《くろうばあ》

ラッキー《らっきい》のめじるし

ふつう ♥♥♡

スタート《すたあと》

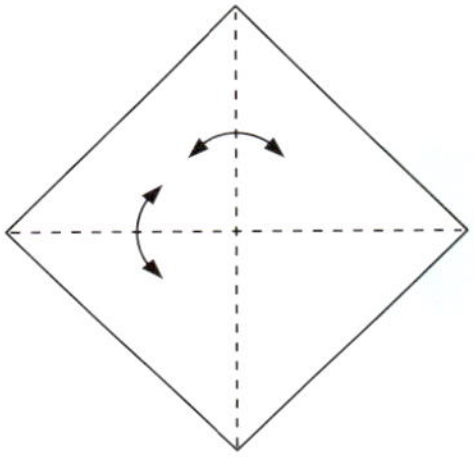

1 たてと　よこに
おりすじをつける

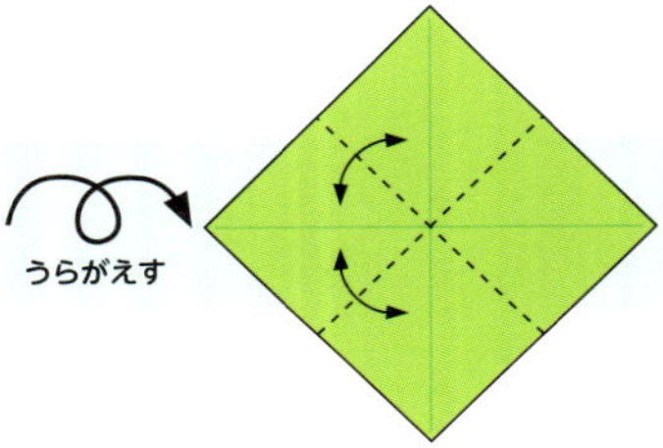

2 ななめに
おりすじをつける

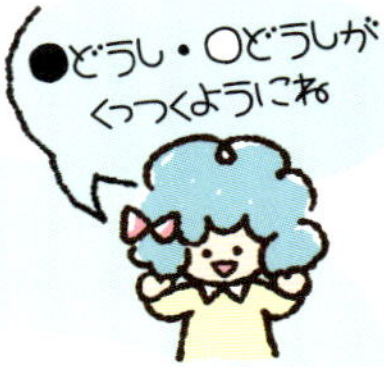

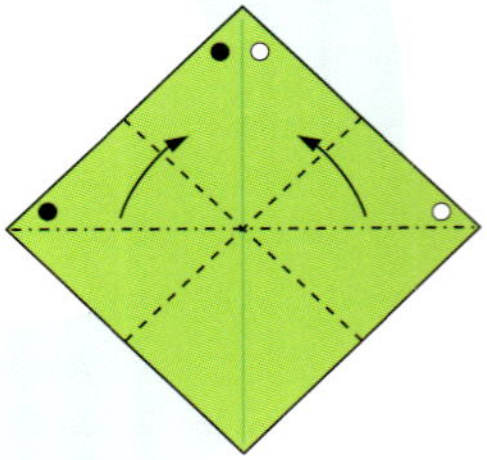

3 おりすじにそって
おりたたむ

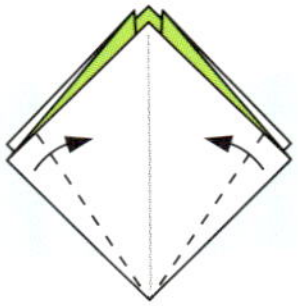

4 うえの１まいを
おる

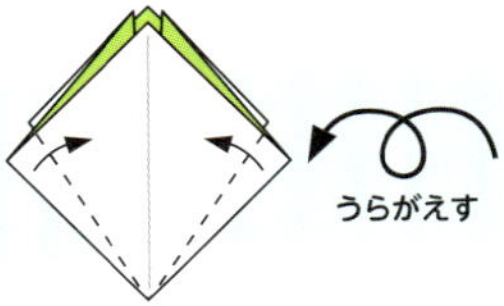

5 うらも
おなじように
おる

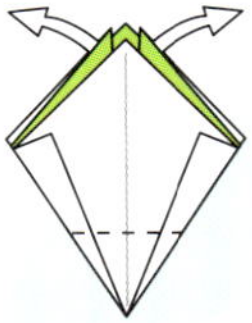

6 したのかどを　おり
うえのかどを
ひきだして　ひろげる

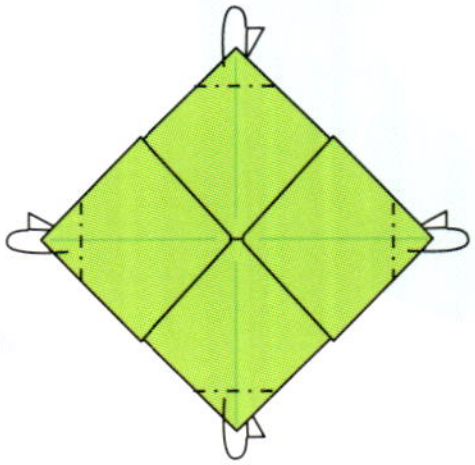

7 ひろげた
ところ。
かどを
おる

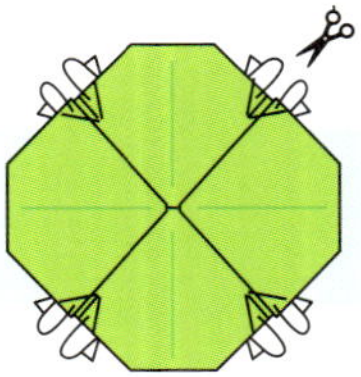

8 きりこみを
いれて　うしろに
おる

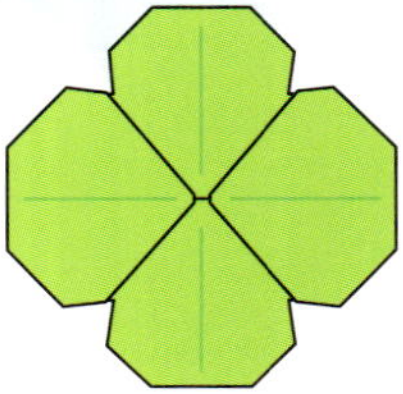

9

できあがり

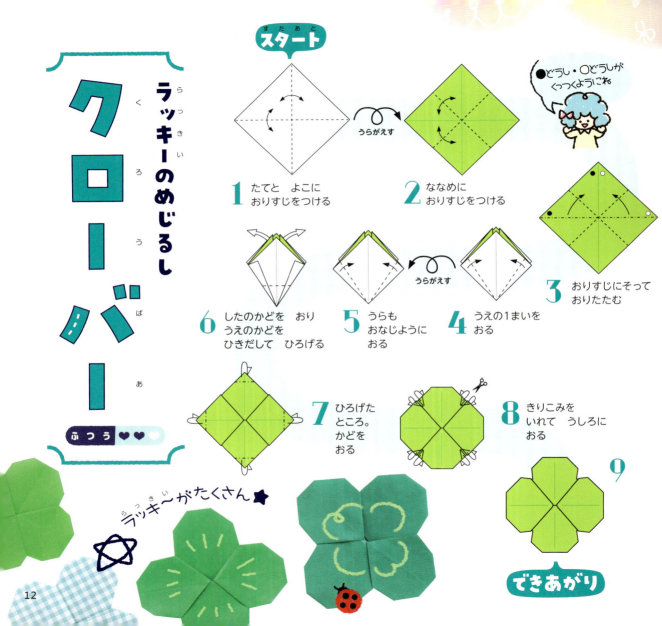

つぶつぶ あまずっぱ〜い♥ いちご

かんたん ♥♡♡

◀つぶつぶ いちごタワー《たわあ》

スタート《すたあと》

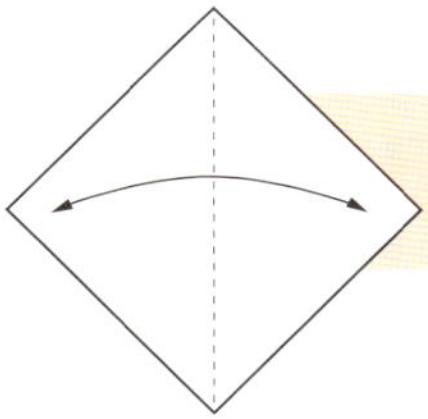

1 さんかくに おりすじを つける

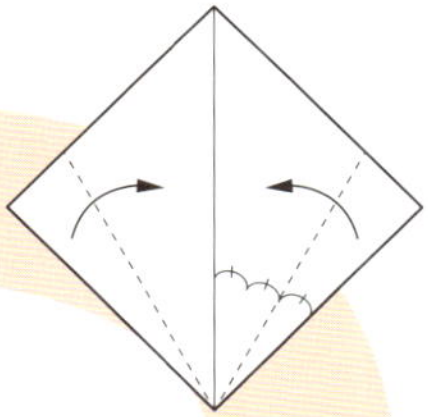

2 りょうがわを てんせんで おる

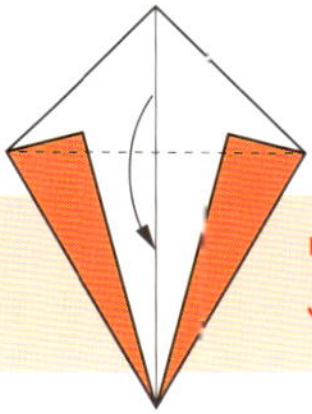

3 うえから おる

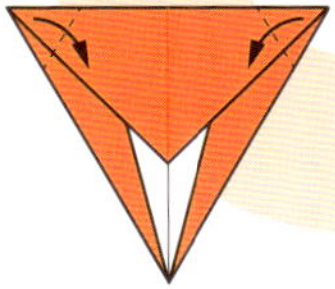

4 かどを てまえに おる

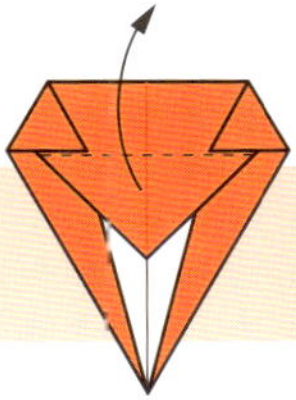

5 したむきの かどを うえに おる

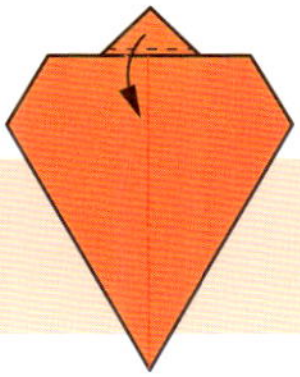

6 うえの さんかくを したに おる

できあがり

7 へたを ぬって かおと つぶつぶのたねを かく

かざろう！

丸めた画用紙にみんなのいちごを貼って、
いちご畑に。てっぺんの葉は、モールで付けます。

もものはなでおいわい

おひなさま&おだいりさま

ふつう ♥♥

スタート《すたあと》

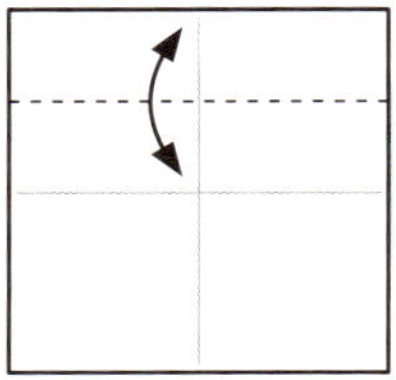

1 たてとよこに　おりすじをつけ
まんなかの　せんまで
おって　もどす

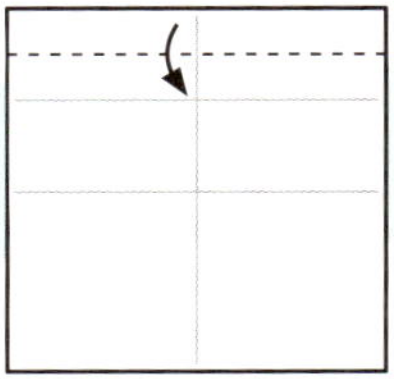

2 おりすじに
あわせて　おる

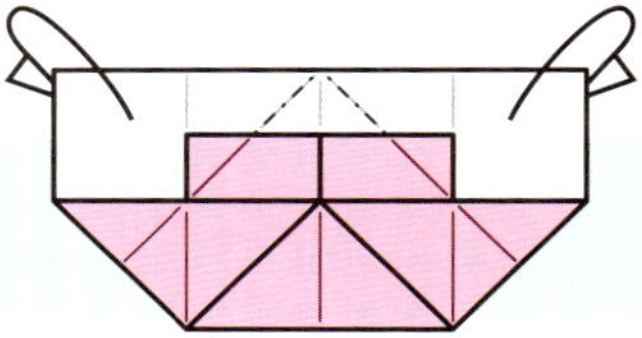

8 うしろのかみを　てんせんで
むこうがわに　おる

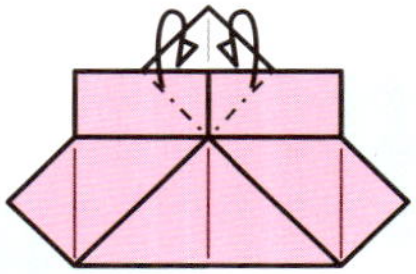

9 かどを　うちがわに
おりこむ

できあがり

10 かおを　かいて
かんむりや
かざりを　つける

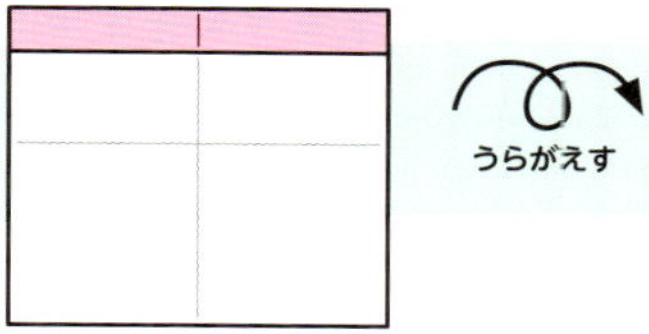
うらがえす

3 おったところ

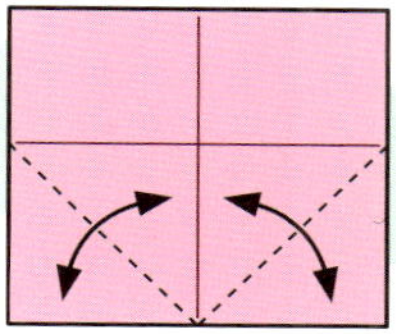

4 かどを　まんなかまで
おって　もどす

おりすじを
しっかりつけてね!

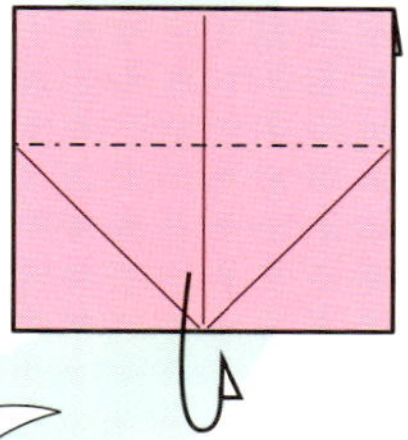

5 まんなかの　せんで
むこうがわに　おる

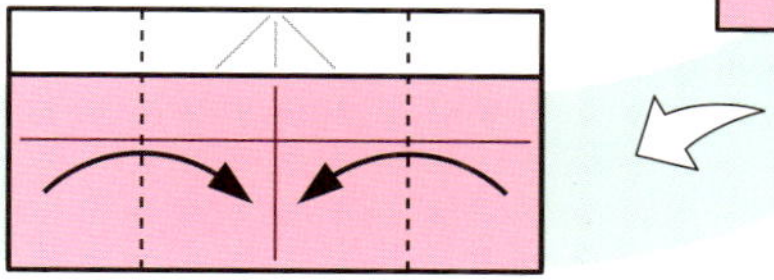

6 まんなかの　せんに
むかって　おる

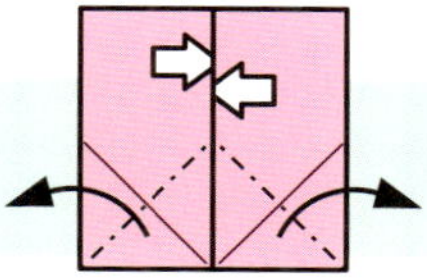

7 ⇨⇦を　ひろげながら
したを　ひらいて　つぶす

おへやに
かざりたい

かざろう！

色画用紙のももの花におひなさまを
並べて貼ると、華やかな壁飾りに！

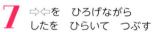

あまくて　とろけちゃう
プ《ぷ》リ《り》ン《ん》

かんたん ♥♡♡

スタート《すたあと》

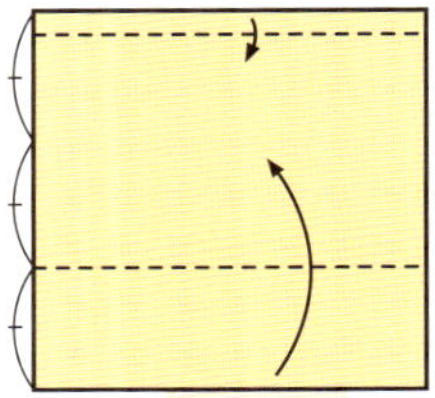

1 したを
3ぶんの1くらい　おり
うえを　すこしおる

うらがえす

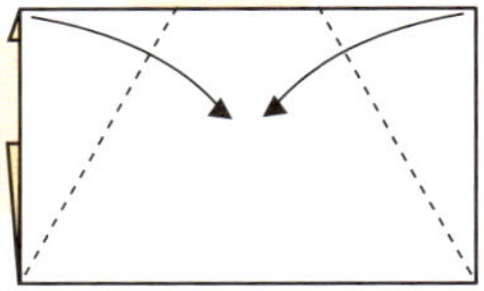

2 かどを
てんせんで
ななめに　おる

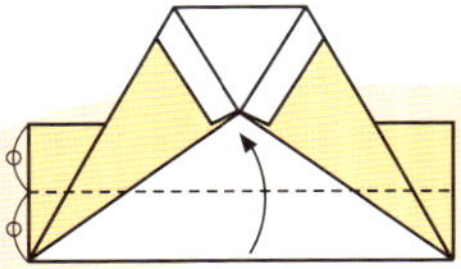

3 てんせんで
うえにおる

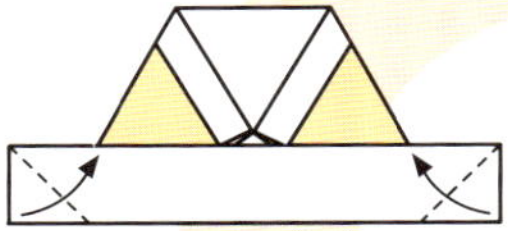

4 かどを　おる

うらがえす

できあがり

5 カラメル《からめる》のところを
ぬる

アイデア！
クリームやフルーツをたっぷりのせてデコレーション！
茶色い折り紙で作れば、チョコレートプリンになります。

おみみで ごあいさつ

うさぎ

ふつう ♥♥♡

スタート《すたあと》

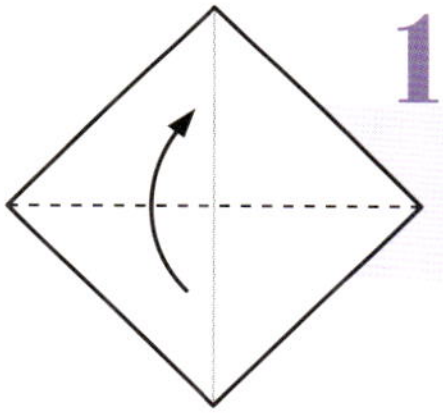

1 たてに　おりすじを
つけてから
さんかくに　おる

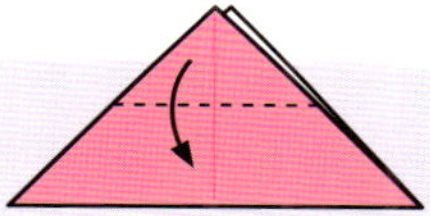

2 したにおる

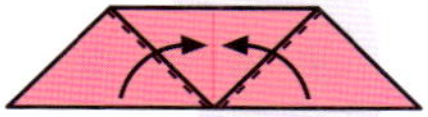

3 まんなかの　せんに
あわせて　おる

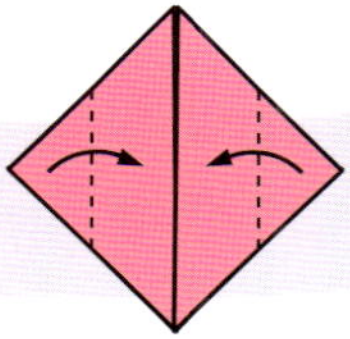

4 かどを　うちがわに
おる

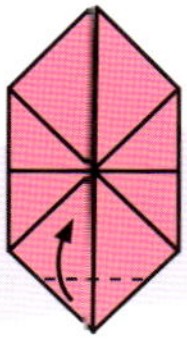

5 したの　かどを
すこし　おる

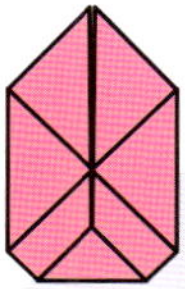

6 おったところ

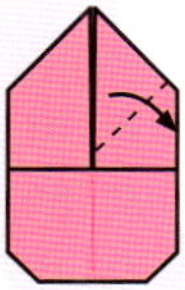

7 ななめに　おる

できあがり

8 かおをかく

みあわせてあそぼ！
8ページ
りぼん
おしゃれした
うさぎができ
ちゃうよ！

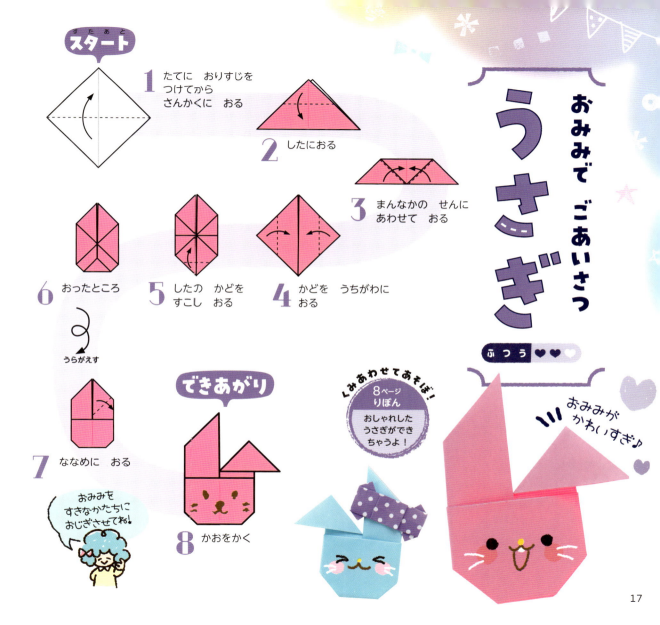

みずうみに　うかぶ
はくちょう

チャレンジ ❤❤❤

スタート《すたあと》

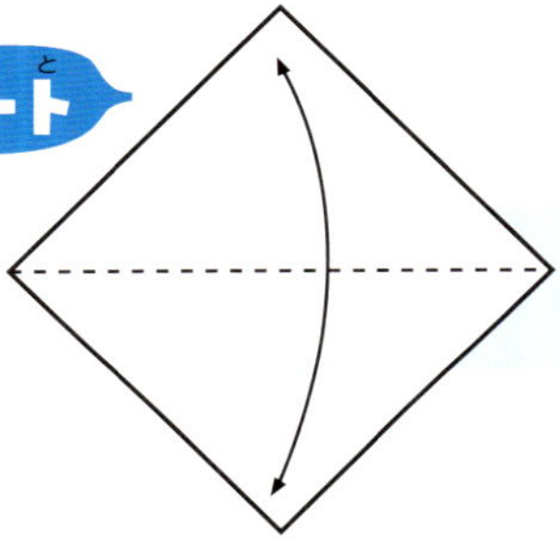

1 さんかくに　おりすじを
つける

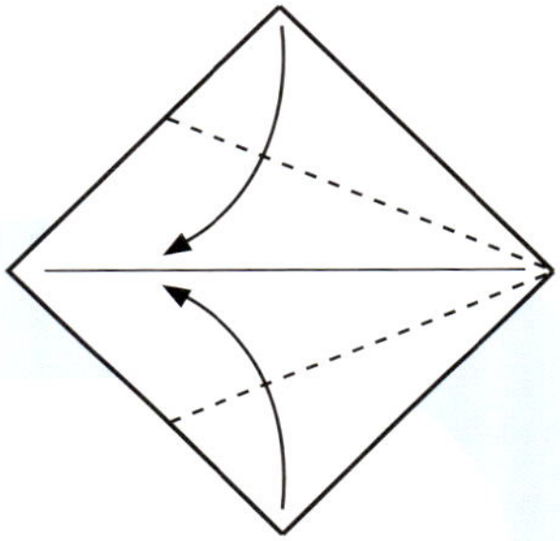

2 まんなかの　せんに
あわせて　おる

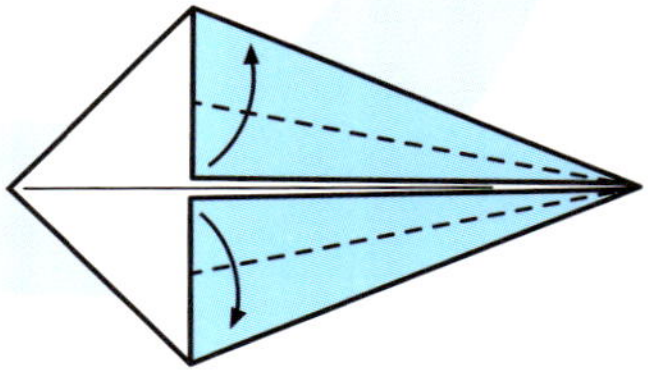

3 そとがわの　せんに
あわせて　おる

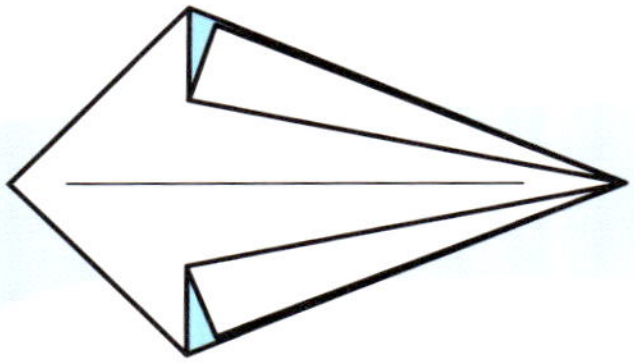

4 おったところ

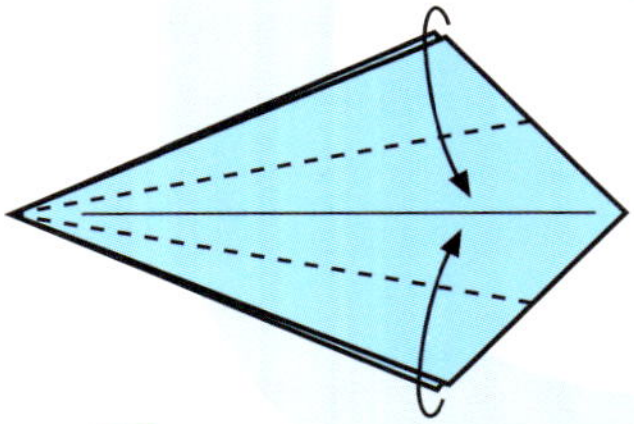

5 まんなかの　せんに
あわせて　おる

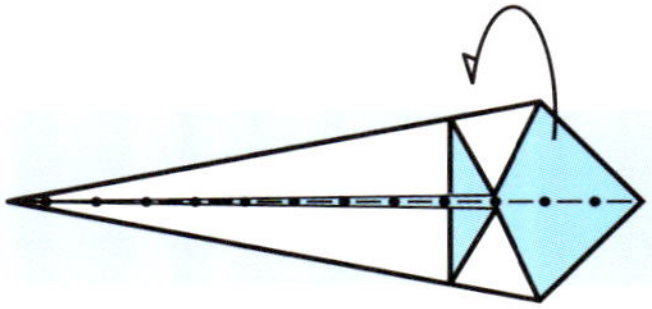

6 むこうがわに
はんぶんに　おる

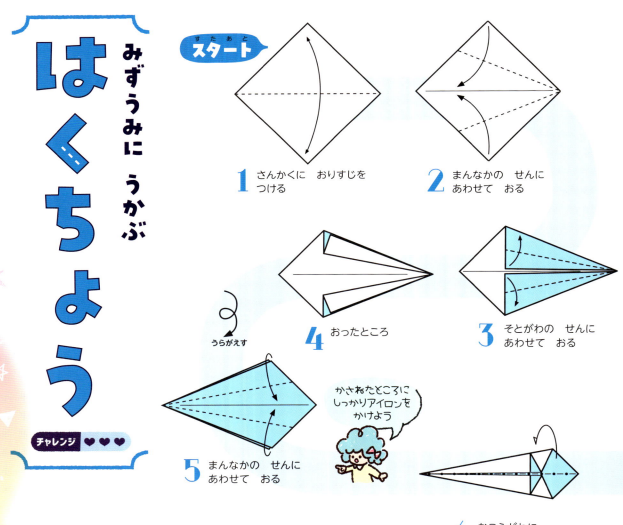

つめたい みずうみの ようせいみたい！

かざろう！

冬の湖を気持ちよさそうに泳ぐはくちょうたち…。
雪の結晶は、切り紙で作ります。

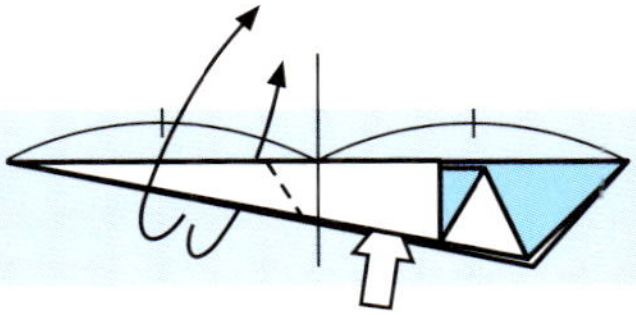

7 ずのように　おりすじを　つけ
したを　ひらきながら　かどをおこして
かぶせるように　おる

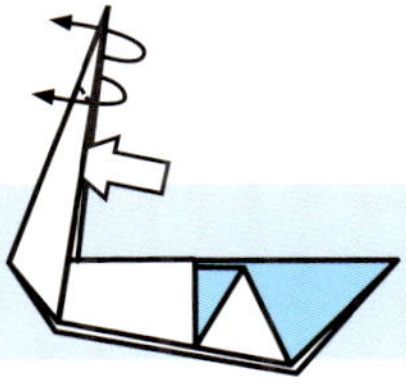

8 ずのように　てんせんで　さらに
かぶせるように　おる

できあがり

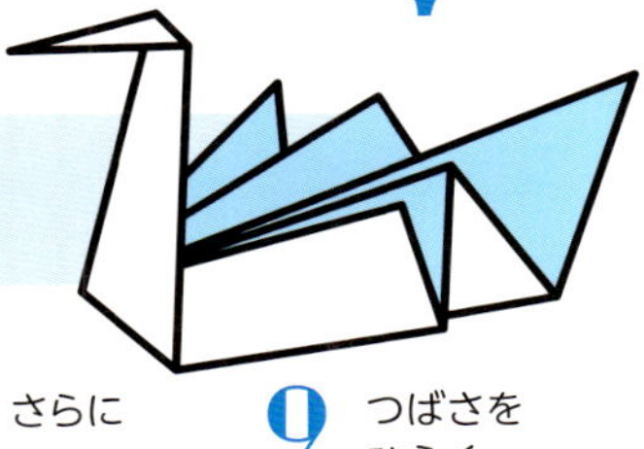

9 つばさを
ひらく

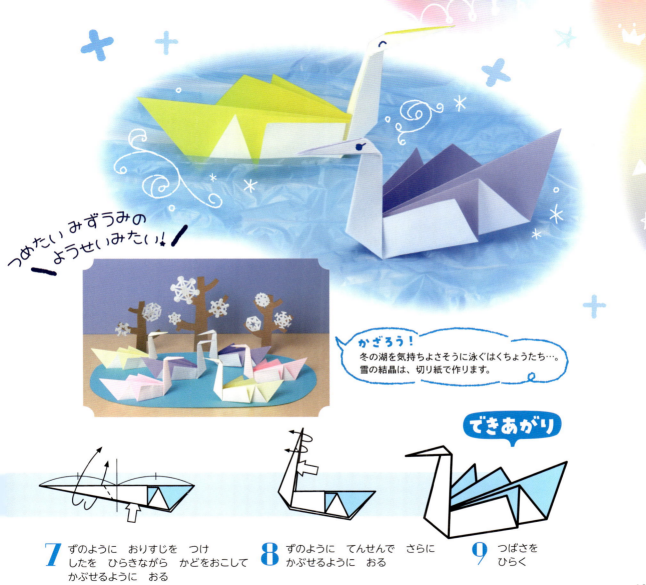

はっぱつき！

チューリップ《ちゅうりっぷ》

ふつう ♥♥♡

ぽかぽか はるの おにわ♪

アイデア！

カラフルに折ったチューリップの周りに、太陽とちょうちょうをクレヨンで描きます。羽に好きな模様を描いて、にぎやかに。

はな スタート《すたあと》

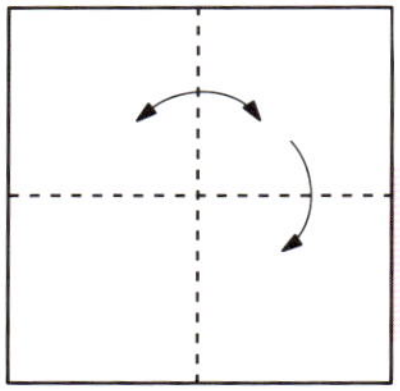

1 おりすじを つけてから　はんぶんにおる

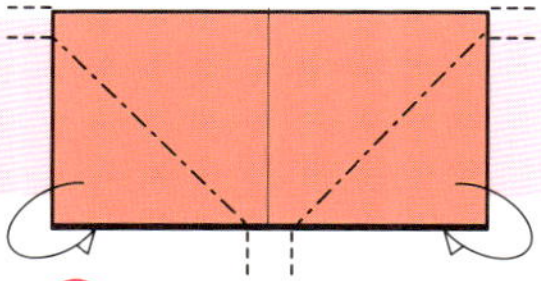

2 うえと　まんなかを すこしあけて かどを　むこうがわに　おる

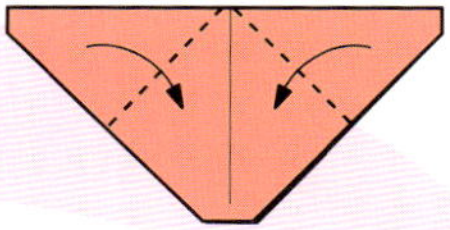

3 まんなかの　せんに あわせて　おる

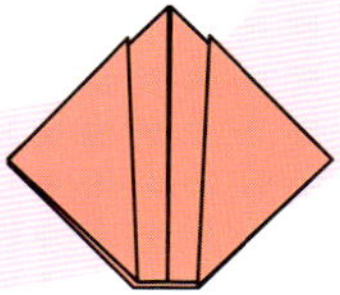

4 おったところ

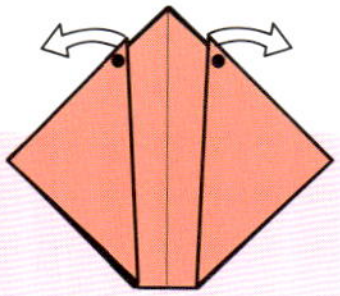

5 ●のところを そとがわに すこしずらして　おる

できあがり

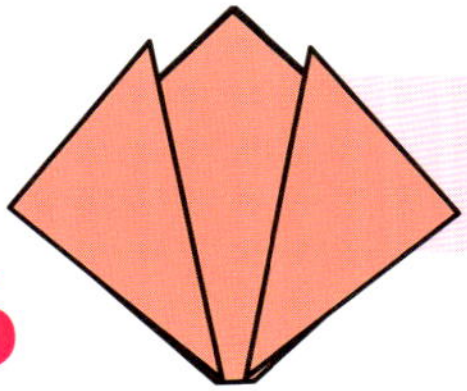

6

はっぱ　スタート《すたあと》

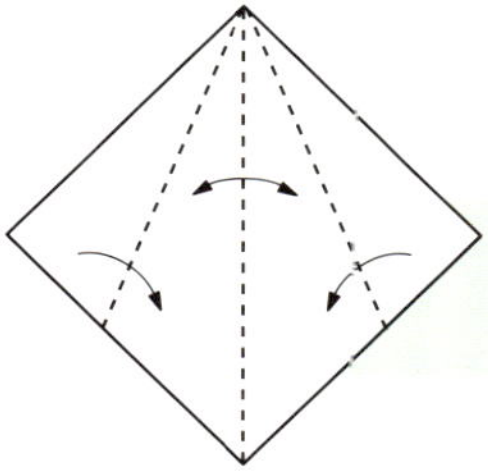

1 おりすじをつけてから
まんなかの　せんに
あわせて　おる

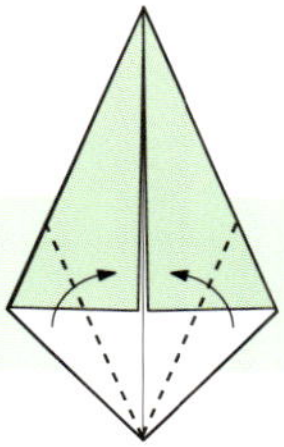

2 うちがわに
おる

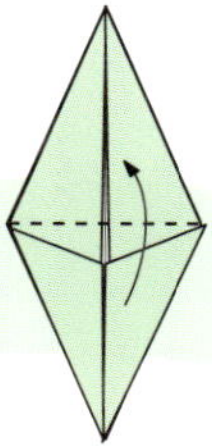

3 うえに　おる

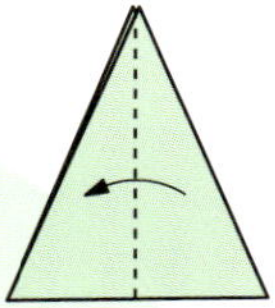

4 はんぶんに
おる

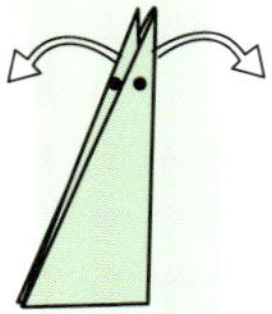

5 ●のところを
そとがわに
ずらして　おる

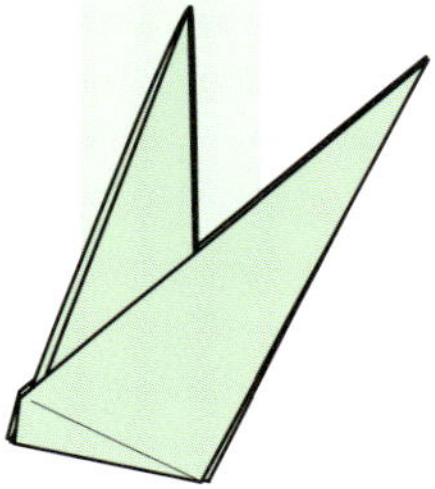

6

できあがり

おはなと　はっぱを
セロハンテープで
くっつけよう

ちょうちょう

ひらひら　はばたく

ふつう ❤❤♡

スタート《すたあと》

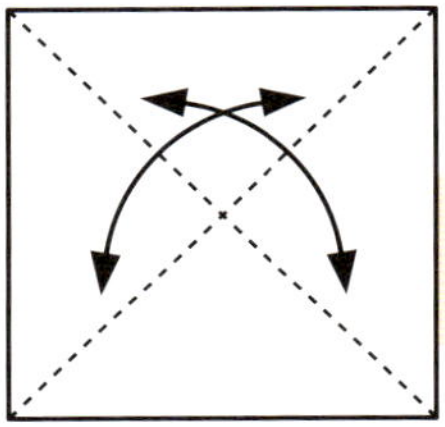

1 ななめに　おりすじを つける

うらがえす

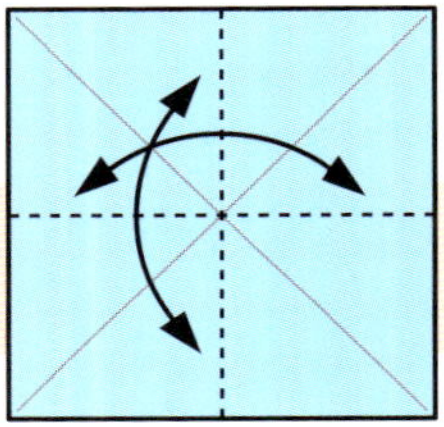

2 たてと　よこに おりすじを　つける

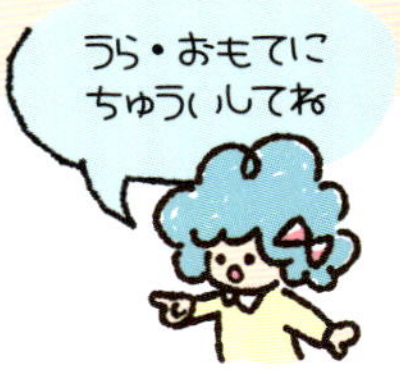

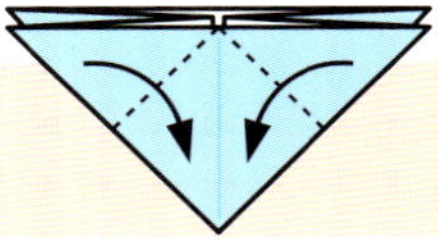

4 うえの1まいを まんなかの　せんに あわせて　おる

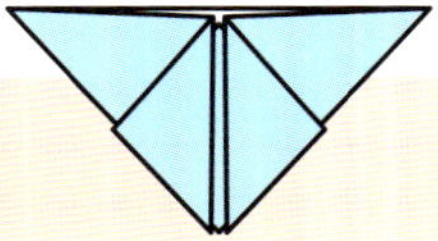

5 おったところ

うらがえす

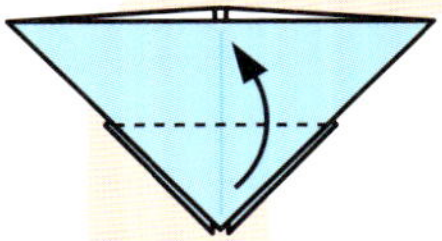

6 うえの1まいを てんせんで　おる

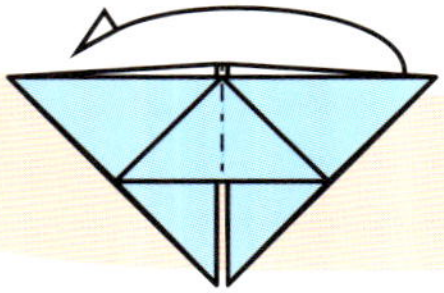

7 ひだりにむかって はんぶんに　おる

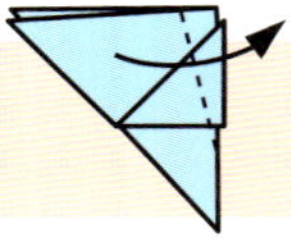

8 てんせんで　おる

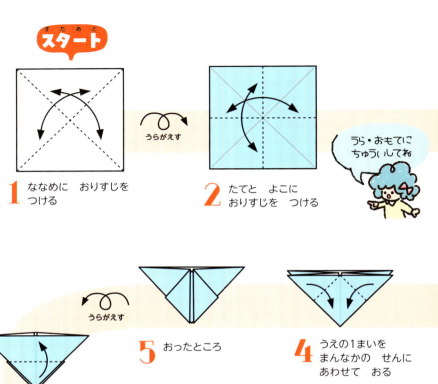

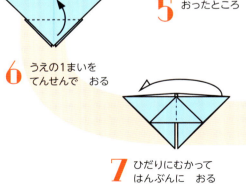

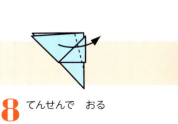

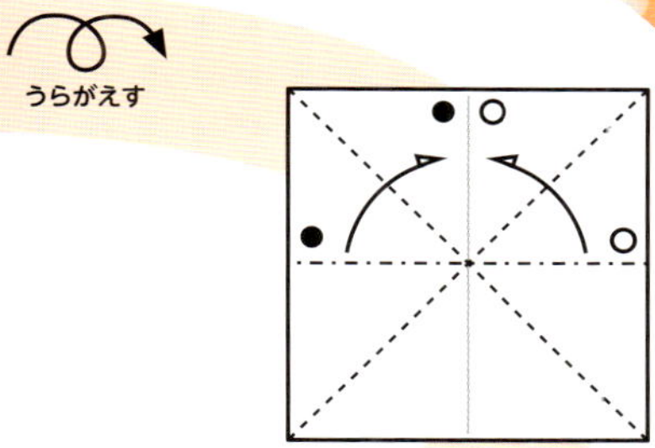

3 まんなかを　へこませて
●どうし・○どうしが
かさなるように　おりたたむ

くみあわせてあそぼ！
20ページ
チューリップ
ちいさくつくって
はなにとまらせて
あげよう！

ひら…

カラフル《からふる》ちょうちょうのおさんぽ！

できあがり

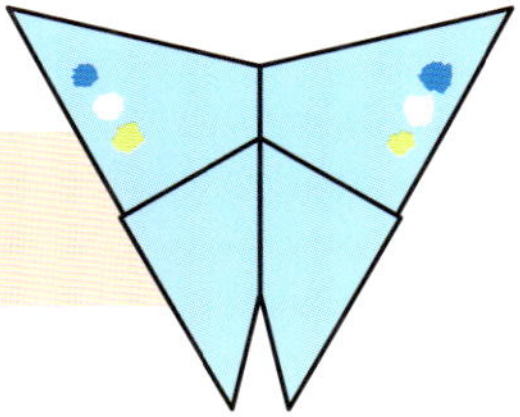

9 もようを　かく

かざろう！

色とりどりのちょうちょうを、紙テープに貼って飾ります。保育室のコーナーなどに飾ると、奥行きが出て飛んでるみたい！

ちょっぴり おとなっぽい

クロッカス《くろっかす》

かんたん ♥♡♡

はな スタート《すたあと》

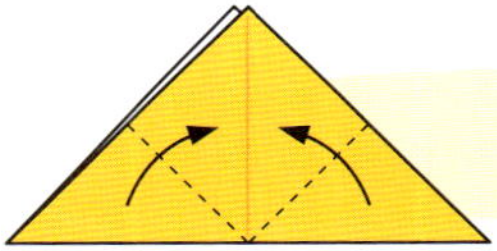

1 おりすじを つけて さんかくに おり まんなかの せんに あわせて おる

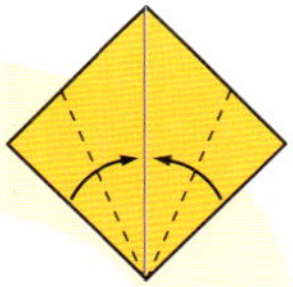

2 おりすじを つける

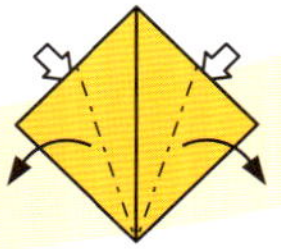

3 ⇨に ゆびを いれ ひらいて つぶす

4 かどを むこうがわに おる

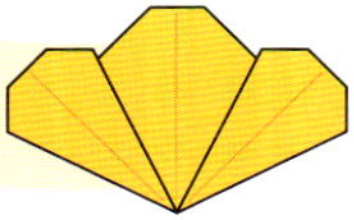

5

スタート《すたあと》 はっぱ

1 はなの 3まで おってから ずのように むこうがわに おる

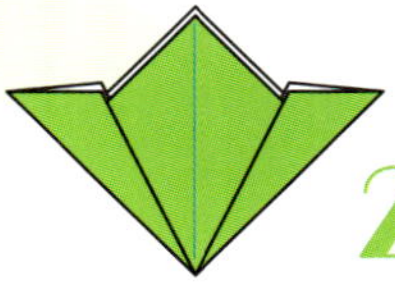

2

しあげ

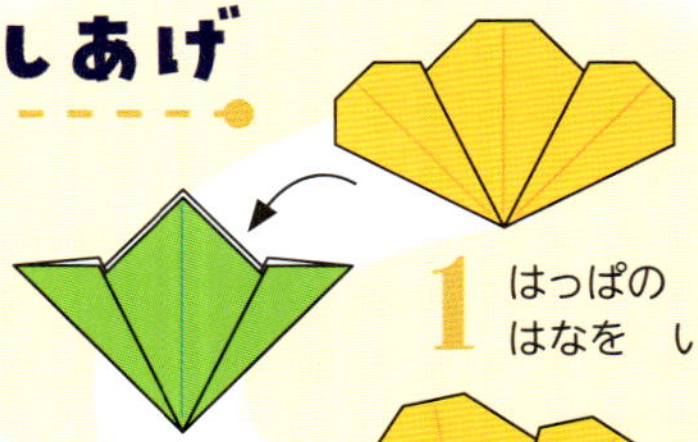

1 はっぱの あいだに はなを いれる

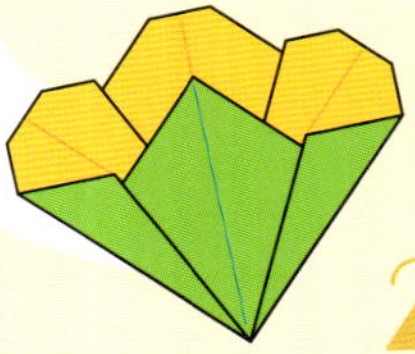

2

できあがり

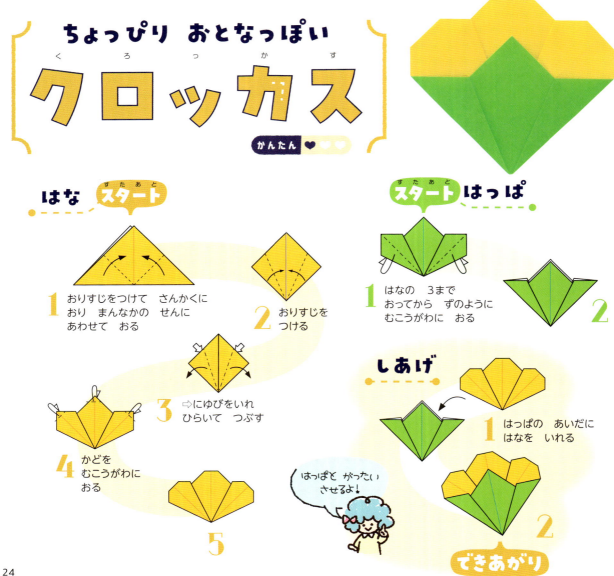

おはよう！ かわいい♥

あさがお

かんたん ♥♡♡

スタート《すたあと》

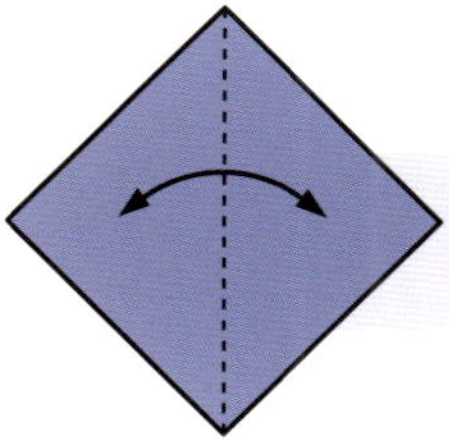

1 さんかくに
おりすじを つける

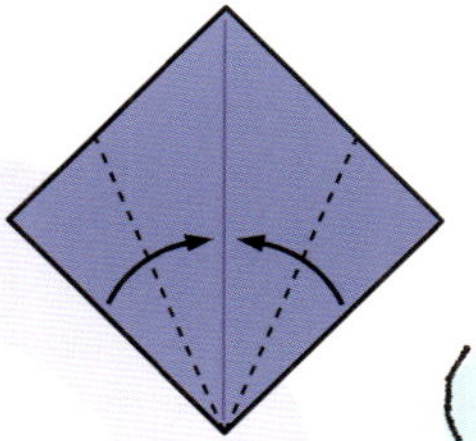

2 まんなかの せんに
あわせて おる

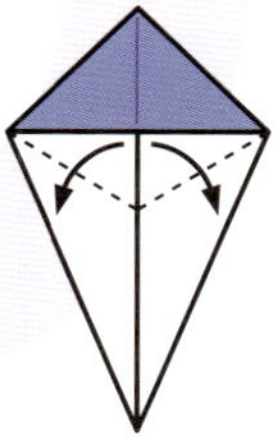

3 かどを したに
おる

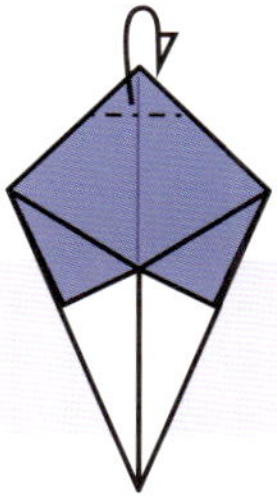

4 うえの かどを
むこうがわに おる

できあがり

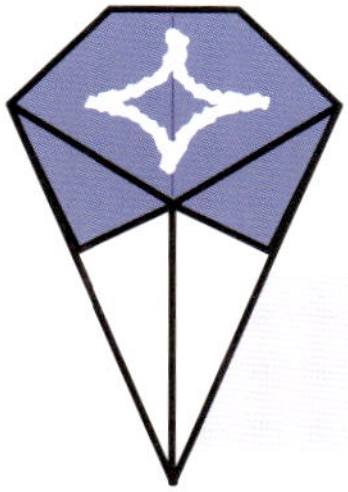

5 うちがわの しろい
ところを かく

おりひめ&ひこぼし

ねんにいちどの デート《てえと》★

かんたん ♥♡♡

スタート《すたあと》 ひこぼし

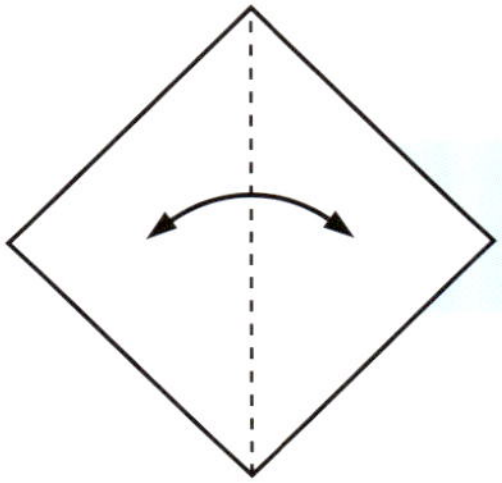

1 さんかくに
おりすじをつける

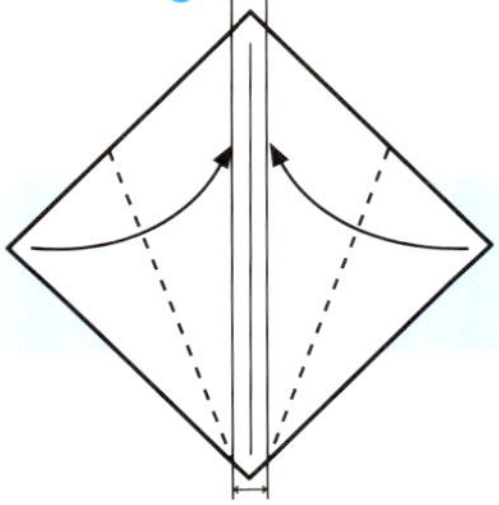

2 まんなかを　すこし
あけて　おる

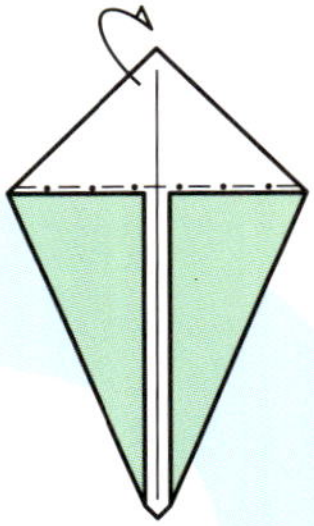

3 うえの　さんかくを
むこうがわに　おる

うらがえす

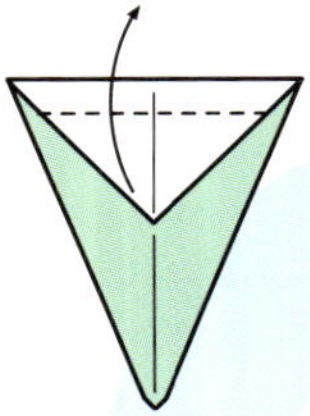

4 うえに
はみだすように
おる

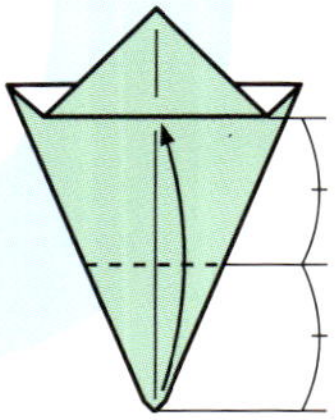

5 したのかどを
うえに　おる

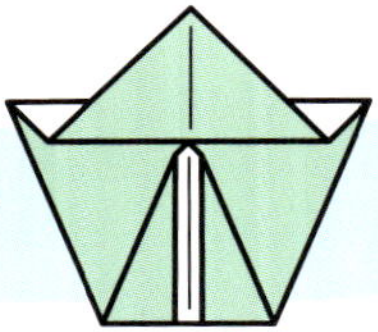

6 おったところ

うらがえす

できあがり

7 かおと　きものの
もようを　かく

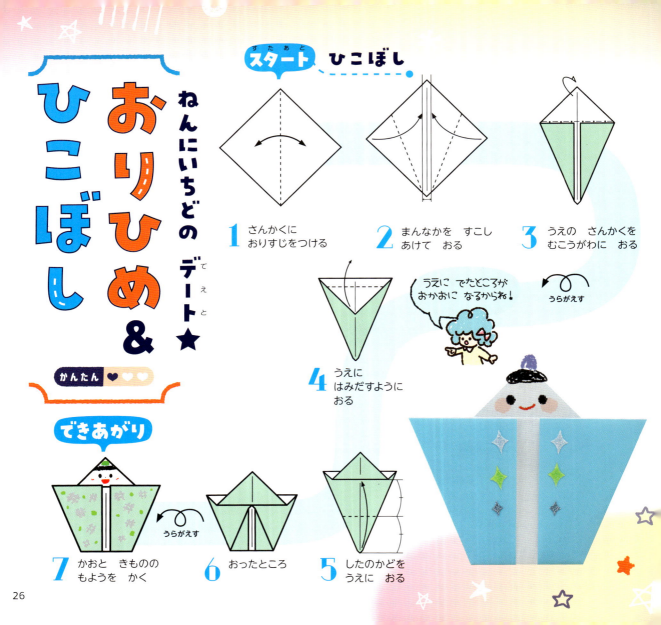

おりひめ スタート《すたあと》

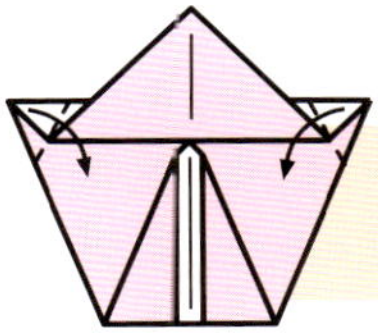

1 ひこぼしの　6まで　おって
かどを　すこし　おる

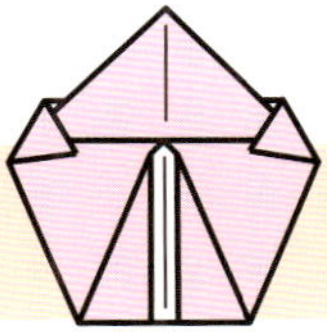

2 おったところ

うらがえす

できあがり

3 かおと　きものの
もようを　かく

すきなシール《しいる》で
かざっちゃお♪

きれいな　きもので
おめかし

アイデア！
流れ星に乗って楽しそうな織姫と彦星。キラキラしたおりがみを貼ると、星空の雰囲気が出ます！

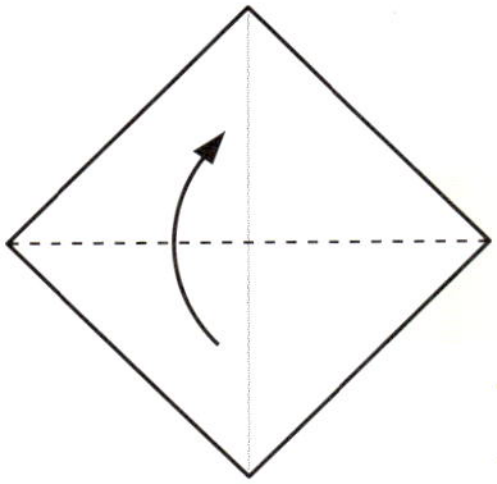

スタート《すたあと》

1 たてに　おりすじを
つけてから
さんかくに　おる

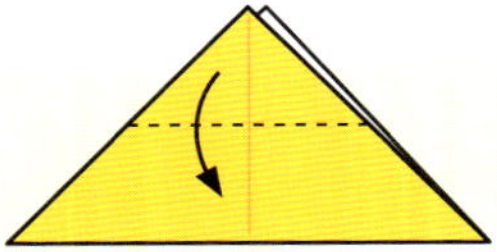

2 したに　むかって
おる

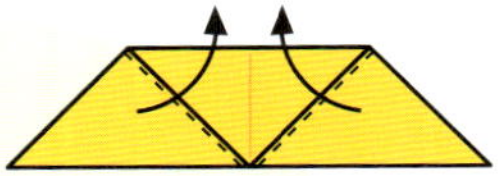

3 まんなかの　せんに
あわせて　おる

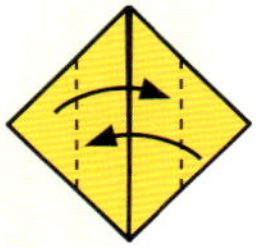

4 すこし　かさなるように
うちがわに　おる

5 したの　かどを
すこし　おる

6 ひだりがわを
ずのように　おる

7 おったところ

8 おなじように
ひだりがわを
おる

9 もようを　かく

できあがり

＼おいしそう／

トロピカル《とろぴかる》さ　まんてん♪

パイナップル《ぱいなっぷる》

ふつう ♥♥♡

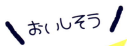

すいか

サマー《さまあ》なくだもの

かんたん ♥♡♡

スタート《すたあと》

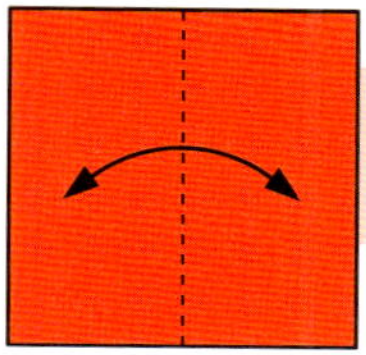

1 たてに
おりすじを つける

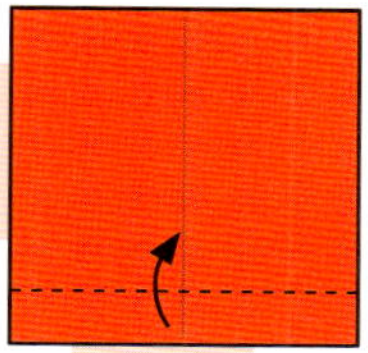

2 したを
すこし おる

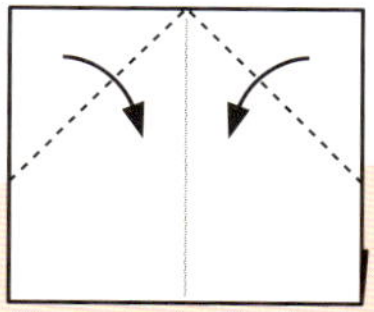

3 まんなかの せんに
あわせて おる

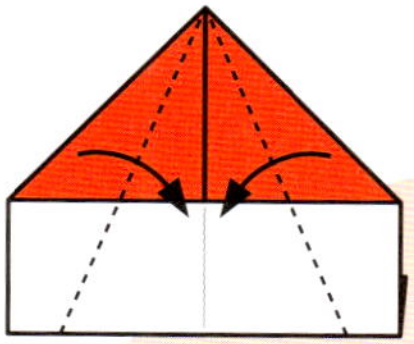

4 もういちど うちがわに
おる

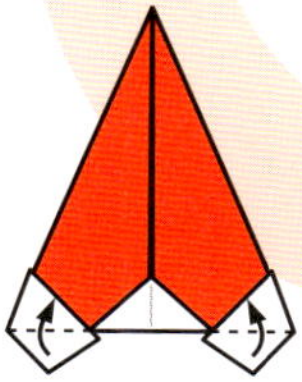

5 したの かどを
うえに おる

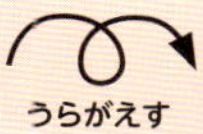

できあがり

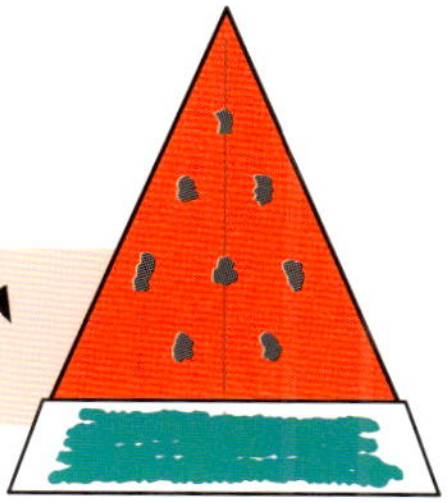

6 かわを ぬって
たねを かく

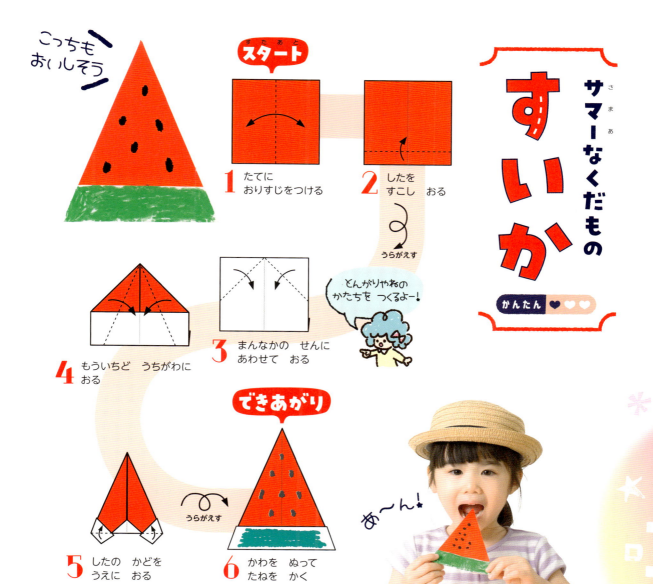

こねこ

きまぐれ アイドル《あいどる》

ふつう ♥♥♡

うちのねこちゃんに そっくり

スタート《すたあと》

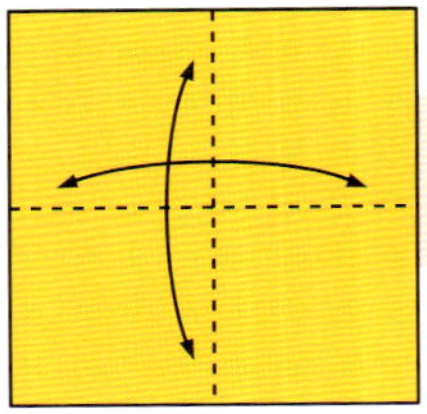

1 たてと よこに
おりすじを つける

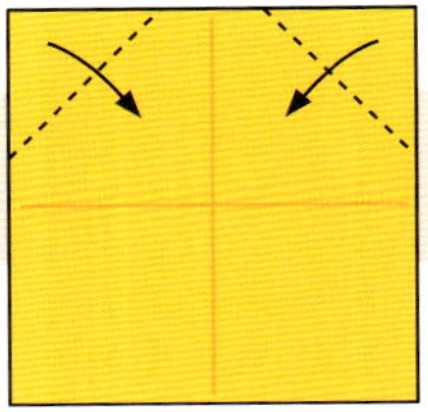

2 かどを てんせんで
うちがわに おる

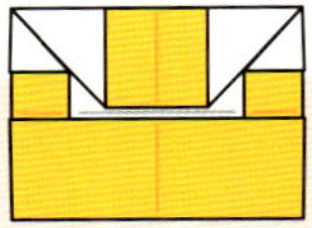

7 おったところ

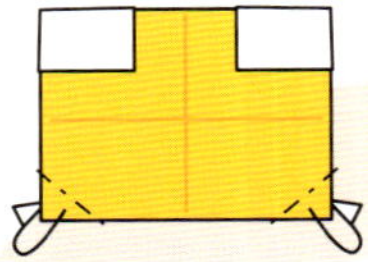

8 かどを すこし
むこうがわに おる

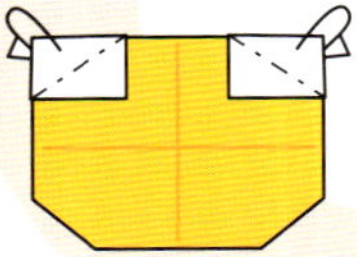

9 うえのかども
おなじように
おる

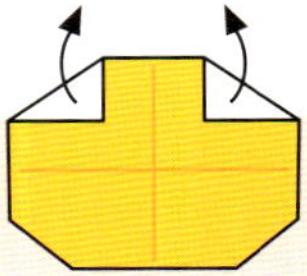

10 しろい
さんかくを
たてる

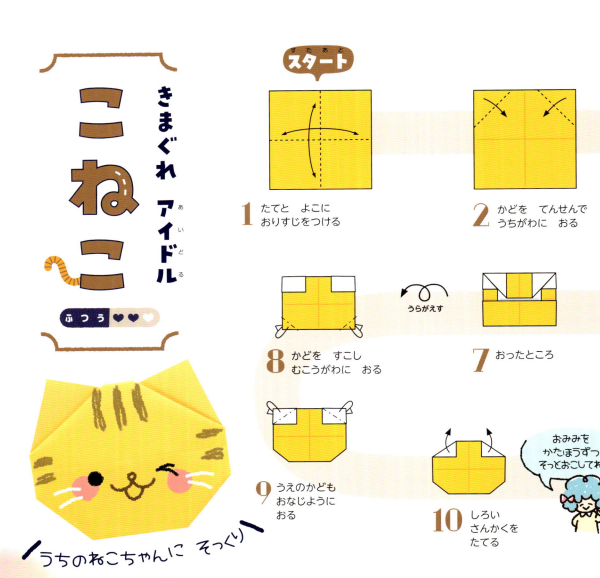

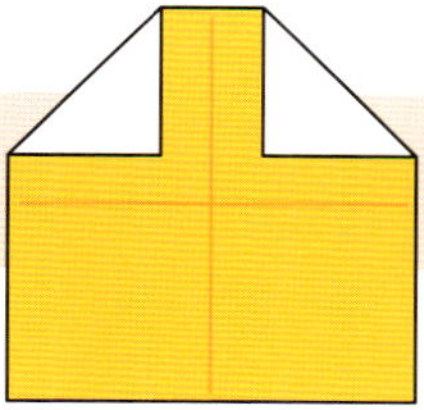

3 おったところ

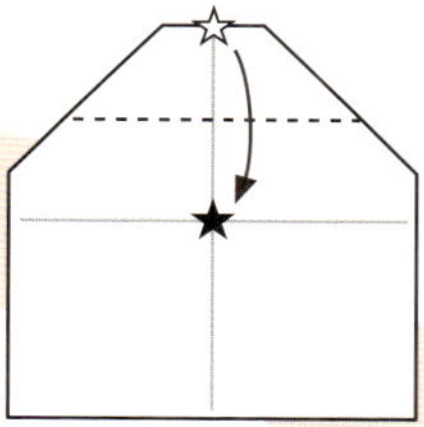

4 ☆が　★に
つくように　おる

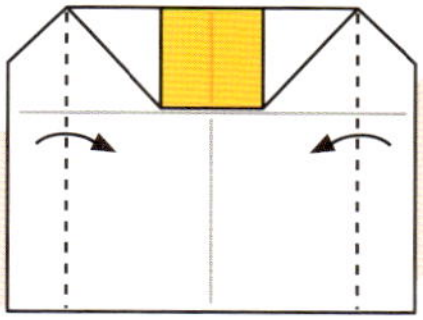

5 てんせんで　おる

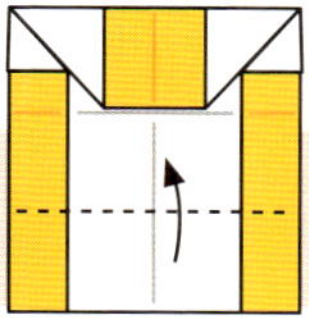

6 まんなかの
せんまで　おる

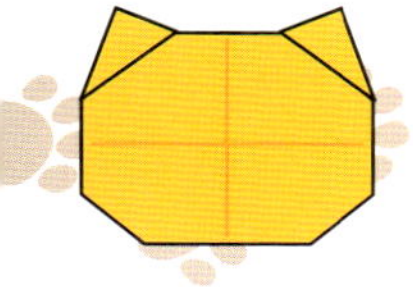

11 おったところ

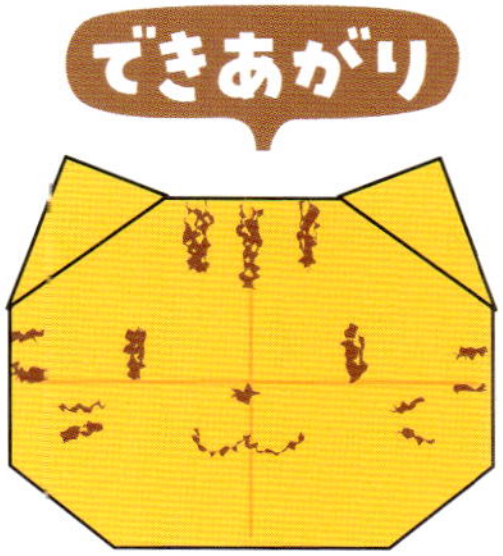

12 かおと　もようを
かく

まほうを　かけちゃえ

まじょ

チャレンジ ♥♥♥

スタート《すたあと》

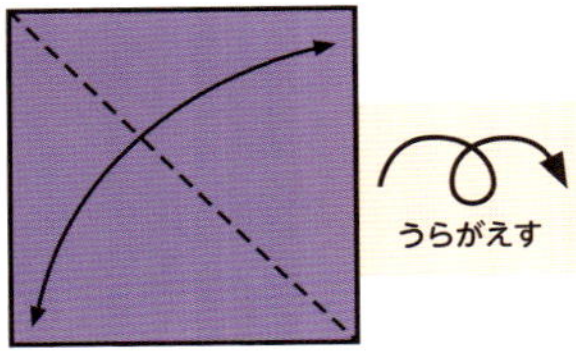

1 ななめに　おりすじを つける

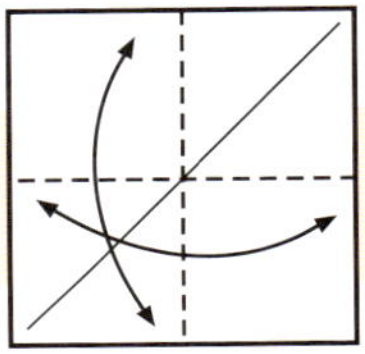

2 おりすじを つける

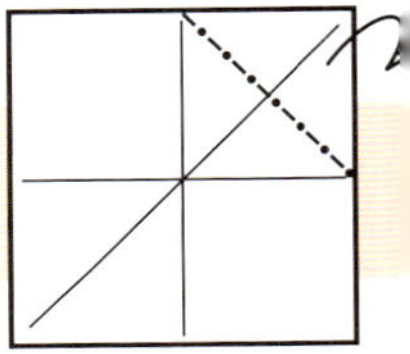

3 うらへおって もどす

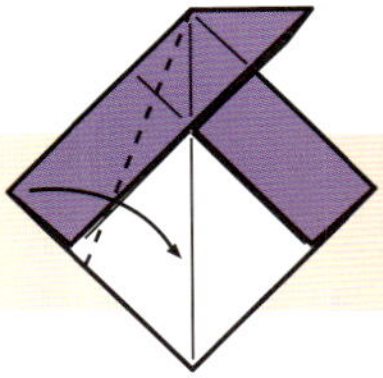

7 まんなかの　せんに あわせて　おる

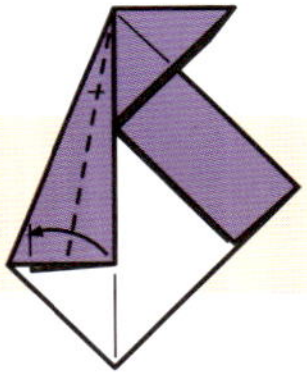

8 そとがわの　はじに あわせて　おる。 みぎがわも おなじように　おる

9 おったところ

10 ⇦にゆびをいれ ひらいて　つぶす

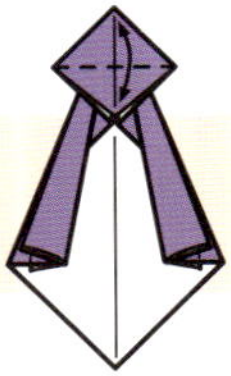

11 おりすじを つける

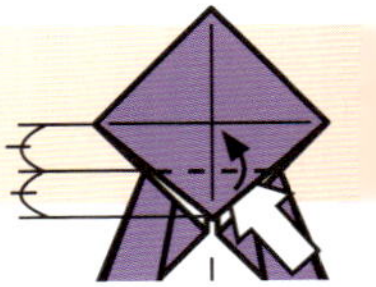

12 ⇦をめくっ

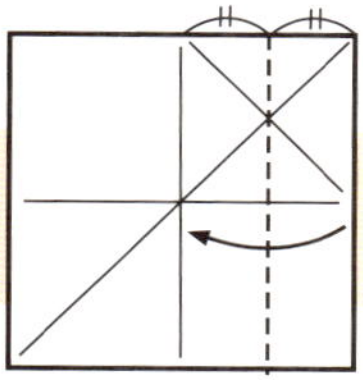

4 まんなかの　せんに
あわせて　おる

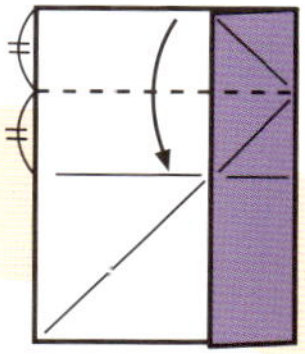

5 せんにあわせて
おって　また
すべてひらく

つぎの かたちを
よくみて チャレンジ!
むきを
かえる

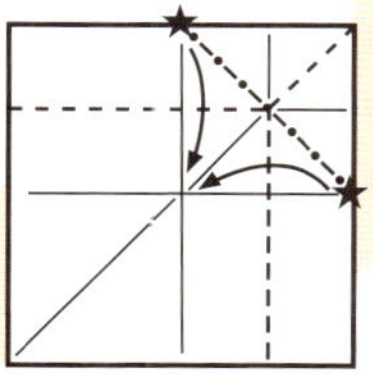

6 ★が　まんなかにつくように
たたむ

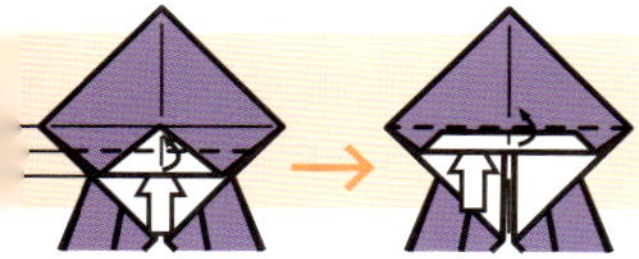

くように　おる

できあがり

13 かおをかいた
がようしを　はり、
シール《しいる》で　かざる

かざろう!

丸めた画用紙でほうきを作り、魔女をのせて、毛糸でつるせばつり飾りに。
おばけやコウモリをプラスするとハロウィン気分が高まります!

ほうきで
よぞらを スイスイ《すいすい》

ハ《は》ロ《ろ》ウ《う》ィ《い》ン《ん》かぼちゃ

ジ《じ》ャ《や》ッ《つ》ク《く》・オ《お》・ラ《ら》ン《ん》タ《た》ン《ん》

ふつう ♥♥♡

ス《す》タ《た》ー《あ》ト《と》

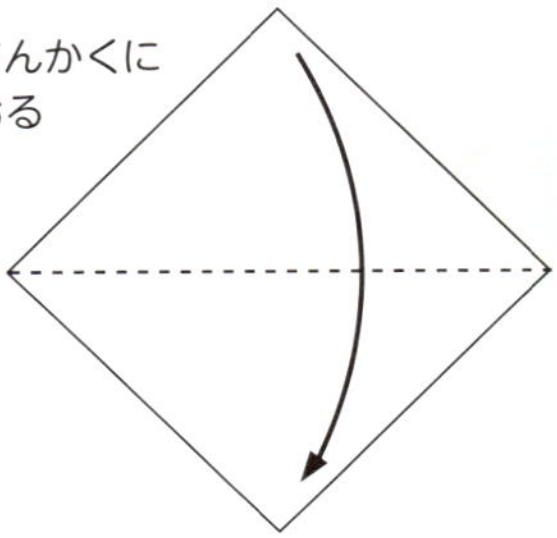

1 さんかくに おる

2 また さんかくに おる

ト《と》リ《り》ッ《つ》ク《く》 オ《お》ア《あ》 ト《と》リ《り》ー《い》ト《と》!

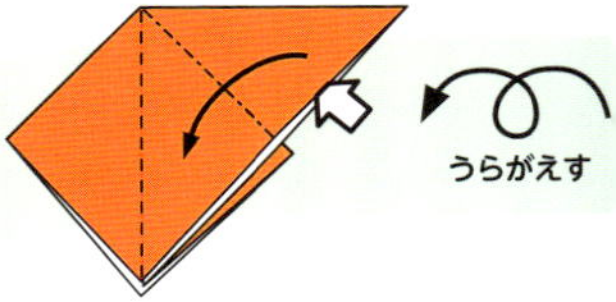

6 はんたいがわも おなじように ひらいて つぶす

7 うえの1まいを なかに おる

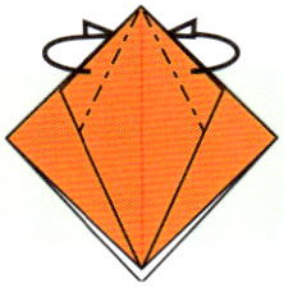

8 うえの1まいを なかに おる

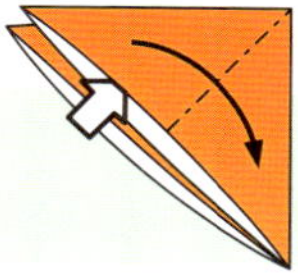

3 ⇨のところから ふくろを　ひらく

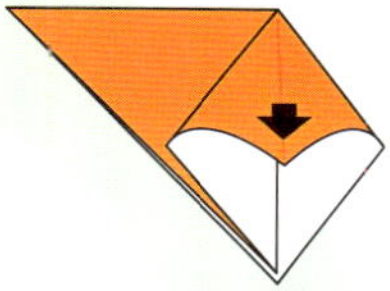

4 ひらいたら　そのまま つぶす

ハロウィンムード《はろうぃんむうど》が たかまる!

かざろう!

ハロウィンカラーでまとめたリースに、子どもたちが作ったかぼちゃを貼ります。ベースは、段ボールに黒いカラーポリ袋を巻いています。

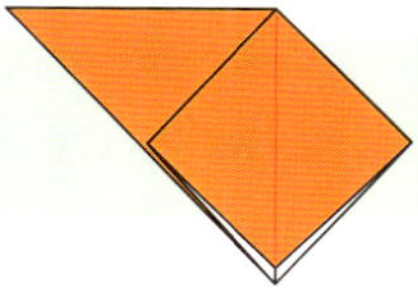

5 つぶしたところ

てんせんで　おりすじを
つけておくと
つぶしやすいよ

9 うえのかどを むこうがわに おる

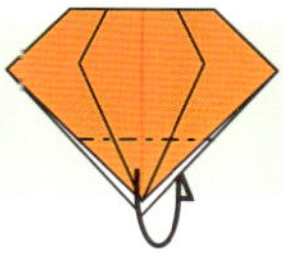

10 したのかどを むこうがわに おる

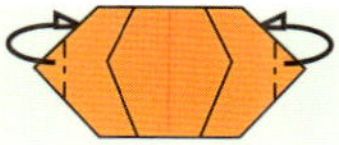

11 りょうほうのかどを むこうがわに おる

できあがり

12 かおを　かく

おすわりポーズ《ぼうず》★

こいぬ

ふつう ♥♥♡

スタート《すたあと》

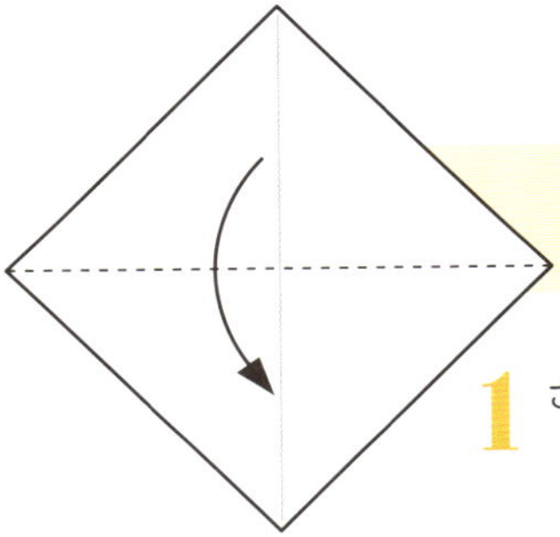

1 さんかくに　おる

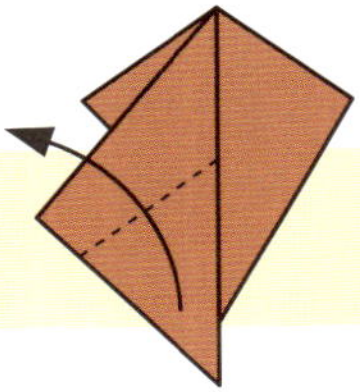

7 かどを
ななめに　おる

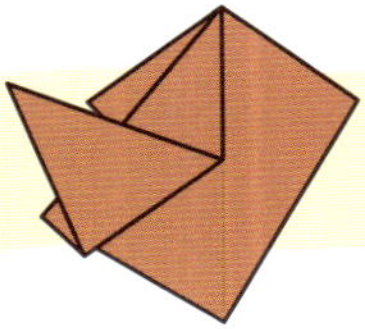

8 おったところ

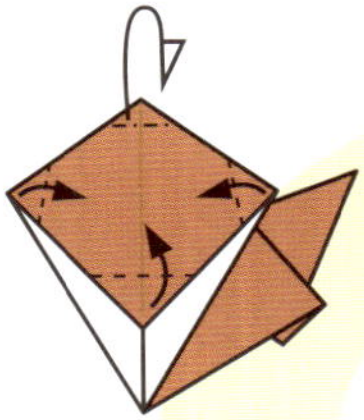

9 うえの　かどを
むこうがわにおる。
あとの　3つのかどは
てまえにおる

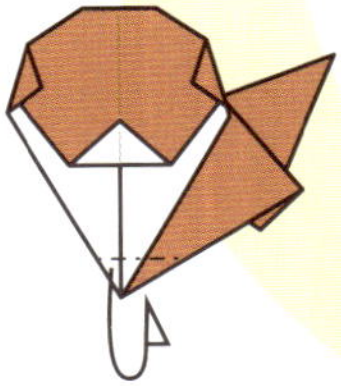

10 したを
むこうがわに
おる

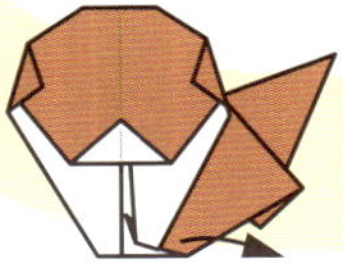

11 かさなった
うえの1まいを
はずす

できあがり

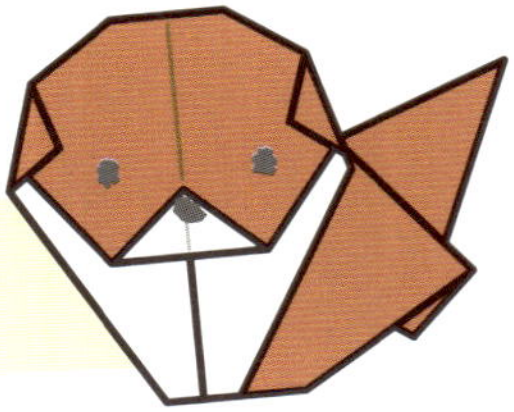

12 かおを　かく

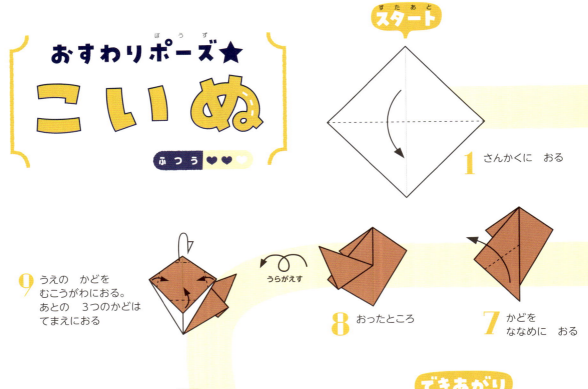

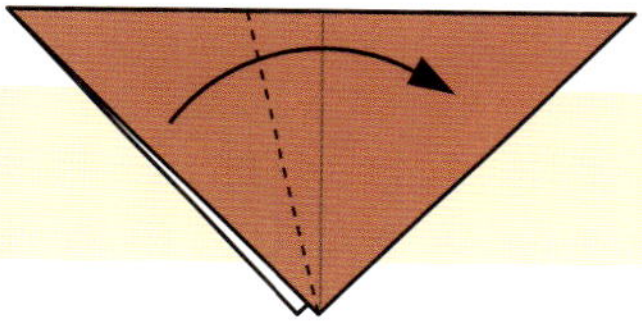

2 てんせんのところで
おる

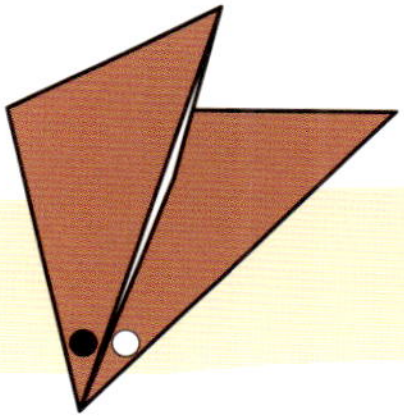

3 おったところ。
●と○の　あいだが
おなじくらいに　なるように
する

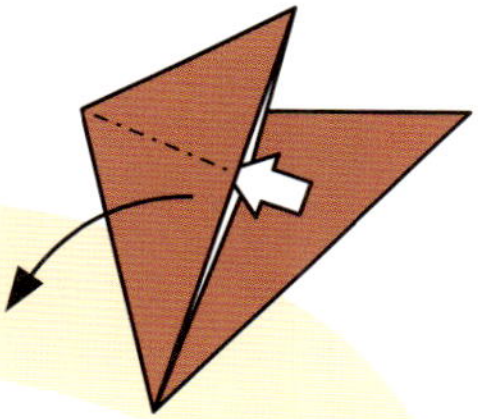

4 ⇨のところから　ゆびをいれ
ひらいて　つぶす

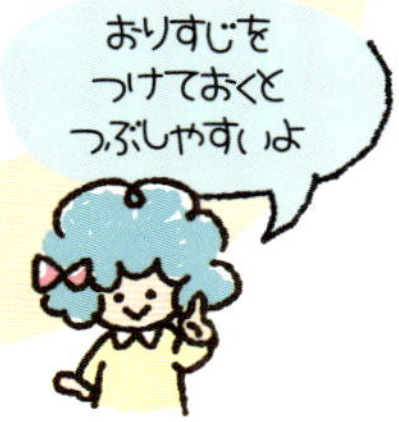
おりすじを
つけておくと
つぶしやすいよ

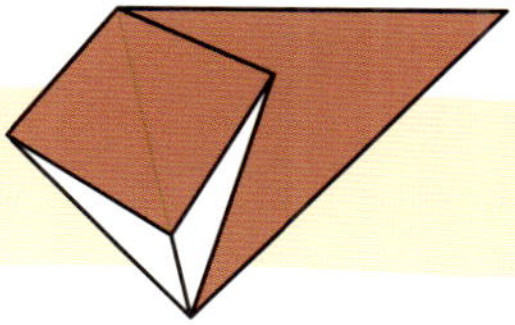

5 つぶしたところ

うらがえす

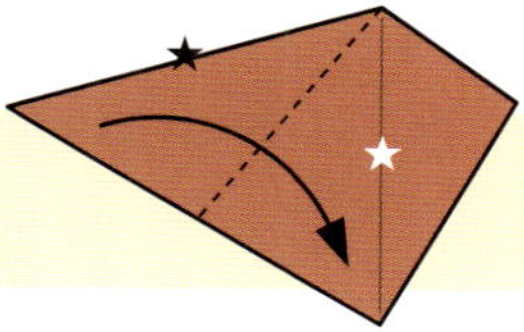

6 ★と☆が
あうように　おる

わん!

アイデア!
こいぬを貼って、隣に自画像を描きます。空や地面を描けば、
春の野原でいっしょに遊んでいるみたい!

ロマンチック《ろまんちっく》 & ゴージャス《ごうじゃす》

バラ《ばら》のはな

ふつう ♥♥♡

うちがわ

スタート《すたあと》

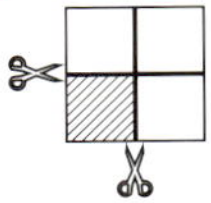

4ぶんの1に　きった
おりがみを　つかう

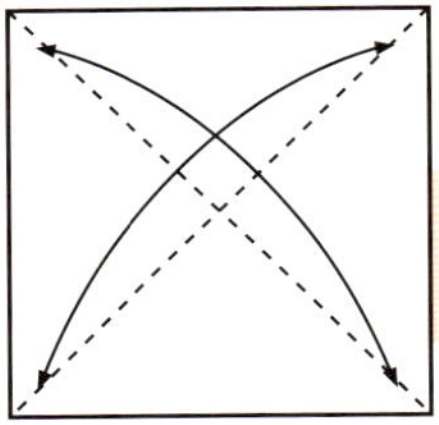

1 おりすじを
つける

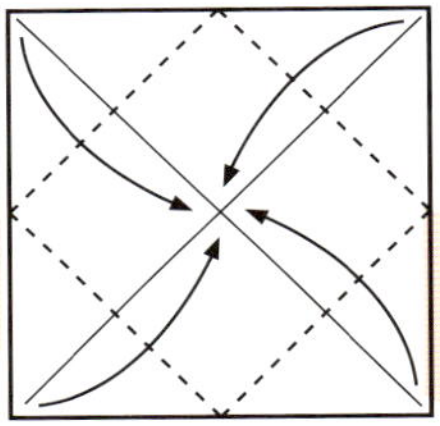

2 まんなかに
むかって　おる

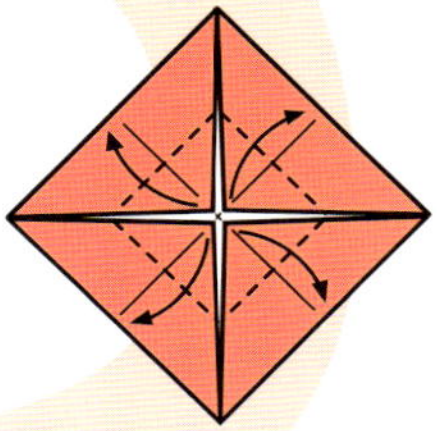

3 それぞれ
そとがわに　おる

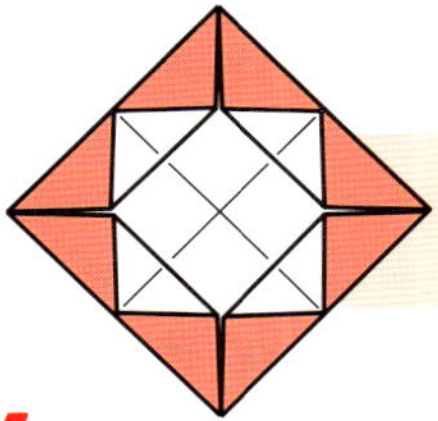

4 おったところ

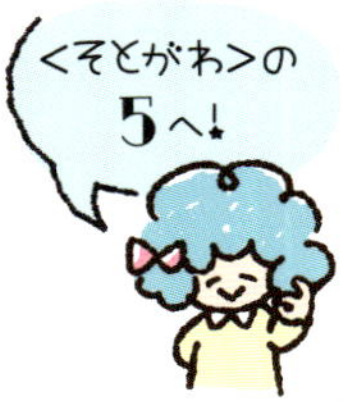

もらって うれしい!
おおきな はなたば

アイデア!
レースペーパーを貼ってバラを並べ、リボンと葉っぱを
描いたら、ゴージャスな花束のできあがり!

たくさん
つくりたくなるね！

そとがわ

スタート《すたあと》

ふつうの　おおきさの
おりがみを　つかう

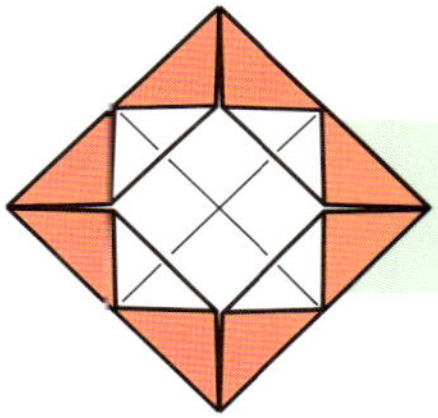

うらがえす

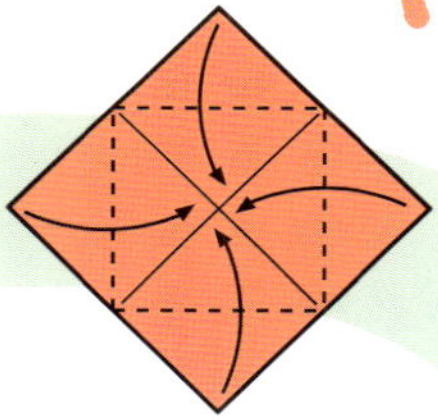

1 ＜うちがわ＞の　4までと
おなじように　おる

2 まんなかに
むかって　おる

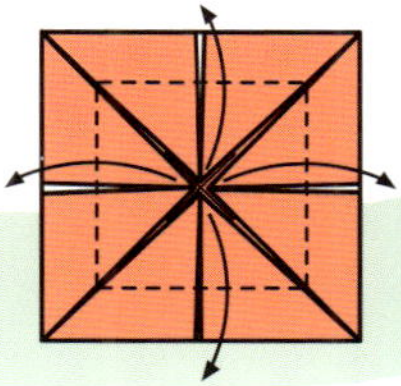

3 すこし　そとに
はみだすように
おる

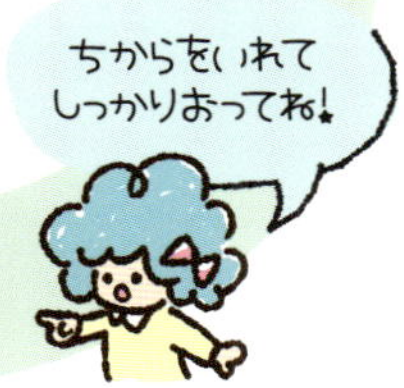
ちからをいれて
しっかりおってね！

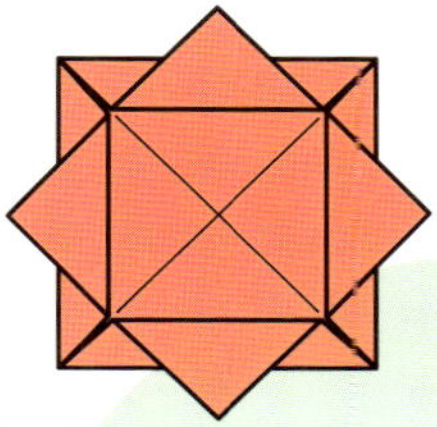

4 おったところ

うらがえす

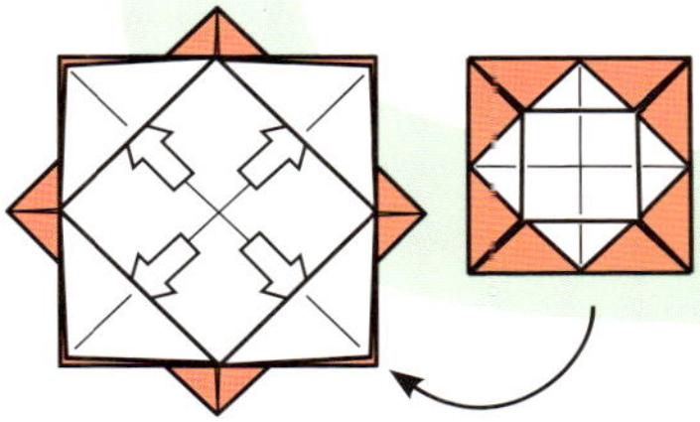

5 なかに
＜うちがわ＞を
さしこむ

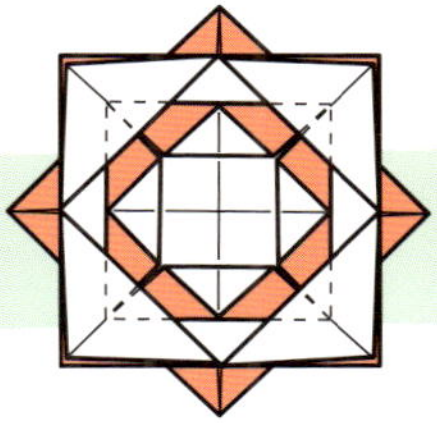

6 さしこんだ
ところ

できあがり

7

ハ《は》ー《あ》ト《と》 キ《き》ュ《ゅ》ン《ん》キ《き》ュ《ゅ》ン《ん》♥

ふつう ♥♥♡

スタート《すたあと》

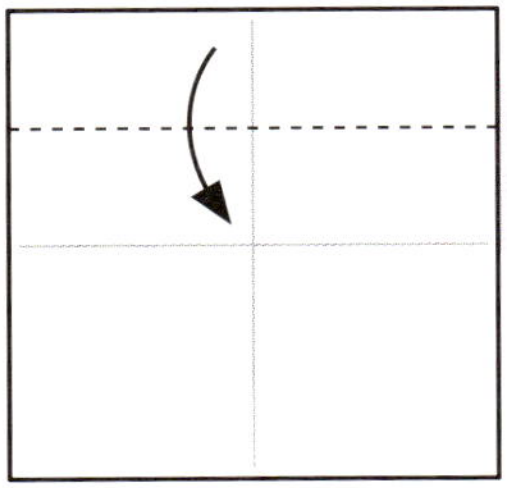

1 たてとよこに
おりすじを　つけてから
うえを　まんなかの　せんまで　おる

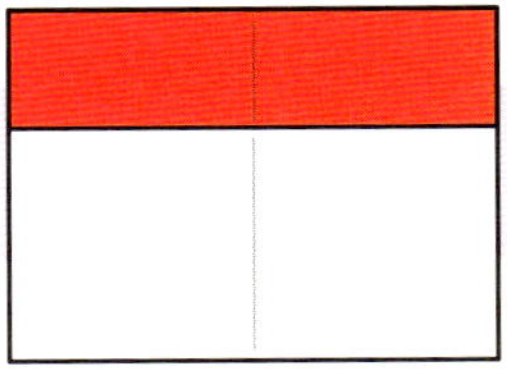

2 おったところ

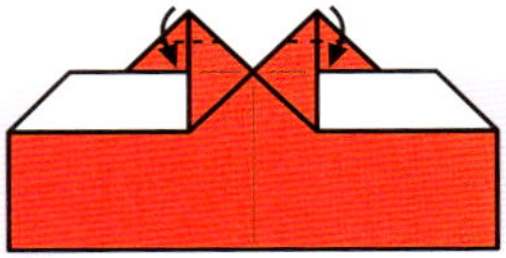

8 かどを　おる

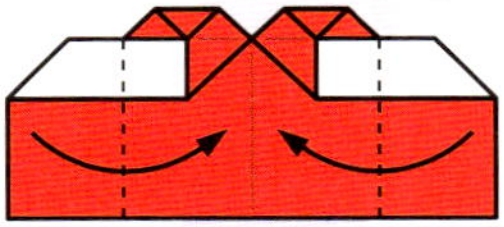

9 まんなかに
むかって　おる

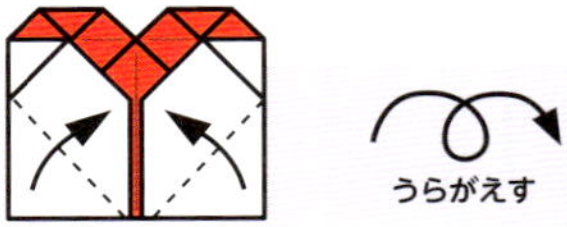

10 したの　かどを
まんなかに　むかって
おる

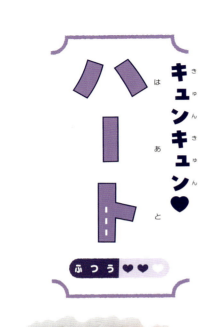

うらがえす

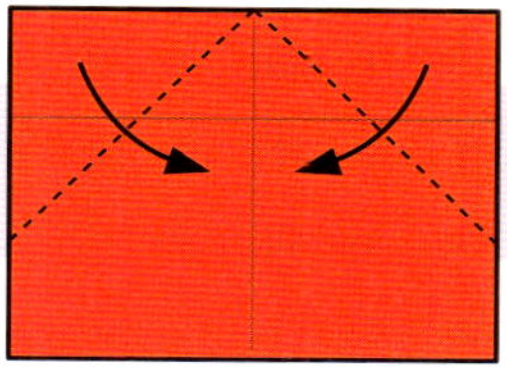

3 まんなかの　せんに
あわせて　おる

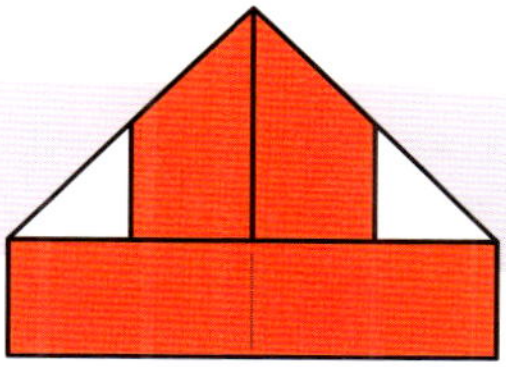

4 おったところ

うらがえす

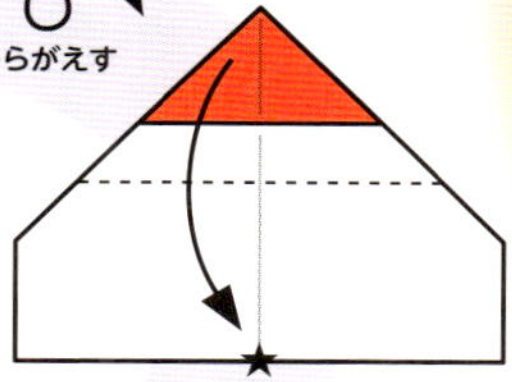

5 かどを　★に
あわせるように
おる

うらがえす

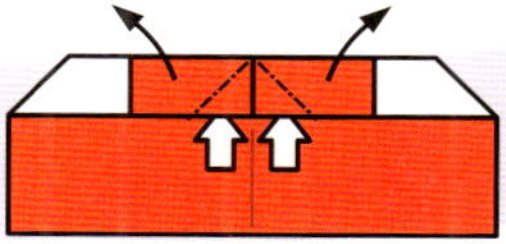

6 ⇨のところから
ゆびをいれて
ひらいて　つぶす

ちいさいポケットを
ひとつずつひらくよ

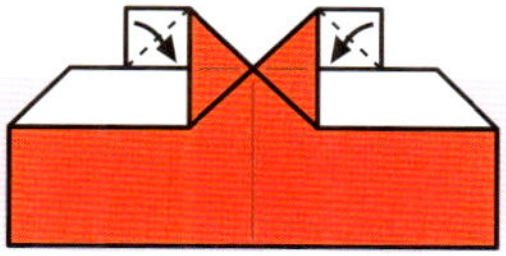

7 かどを　おる

できあがり

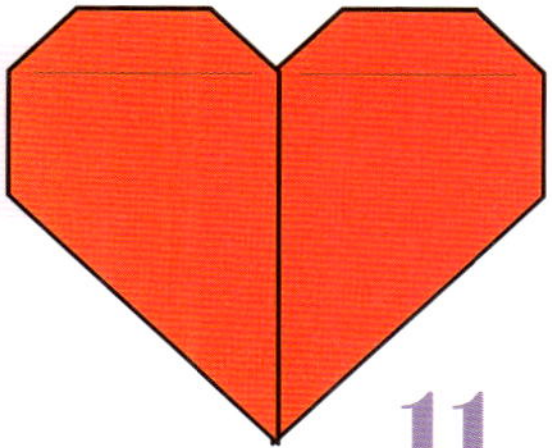

11

ゆらゆら　ハート《はあと》が
ラブリー《らぶりい》～★

かざろう！

工作紙を細長く切って、互い違いに重ね合わせて中心を留めます。
ハートを貼ってひもでつるせば、ゆらゆらゆれるラブリーな飾りに！

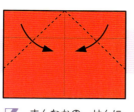

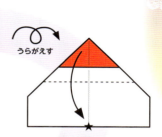

2つの いろが おしゃれ！

2しょくハート《はあと》

チャレンジ ♥♥♥

スタート《すたあと》

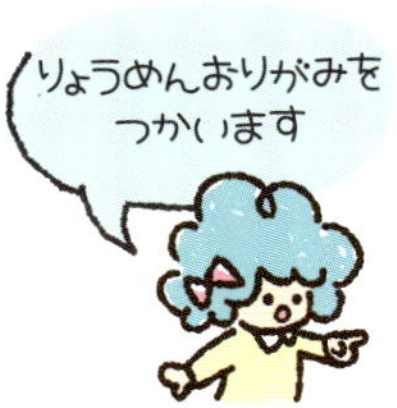
りょうめんおりがみを
つかいます

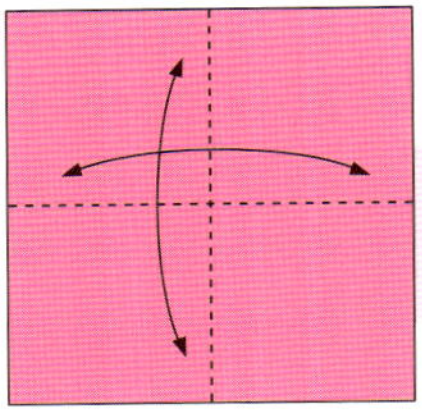

1 たてと よこに
おりすじを つける

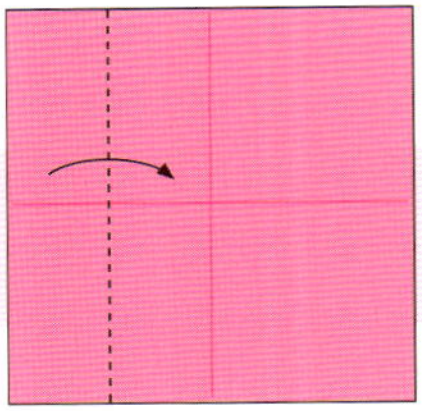

2 ひだりがわを まんなかの
せんに あわせて おる

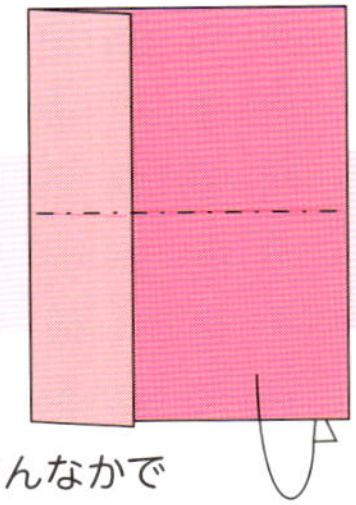

3 まんなかで
うしろに おる

だれに
あげようかな

しっかり おりすじを
つけてね

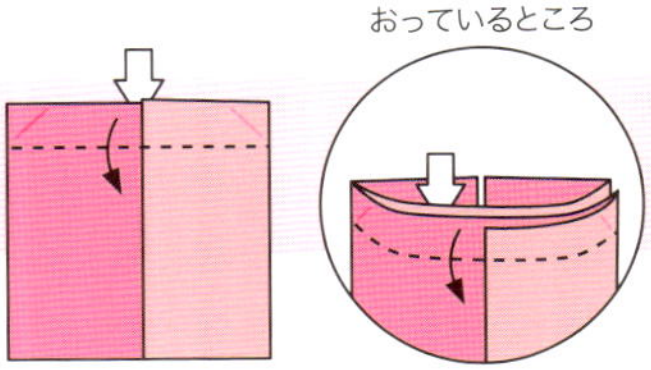
おっているところ

7 てんせんで おりすじをつけ
⇨のところを ひらいて つぶす

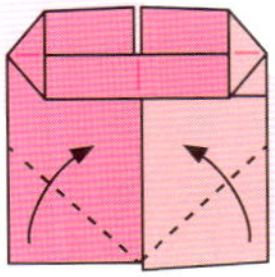

8 したの かどを
まんなかにむかって
おる

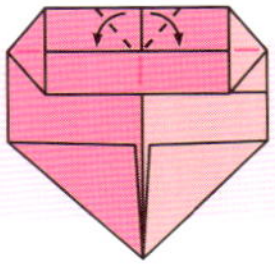

9 かどを おる

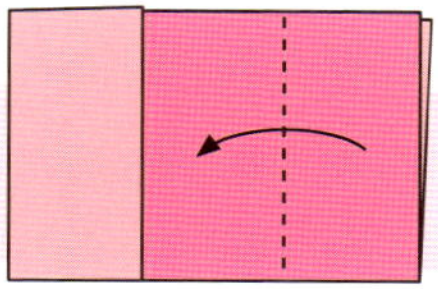

4 まんなかに　むかって
おる

5 おったところ

うらがえす

6 かどに　おりすじを
つける

10 おったところ

うらがえす

できあがり

11

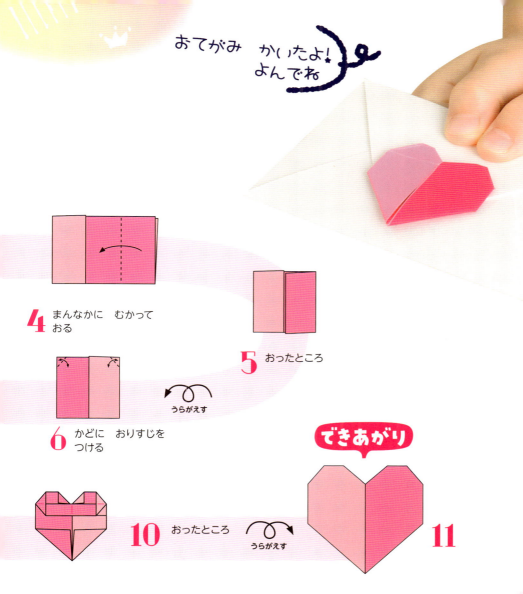

メリー《めりい》　クリスマス《くりすます》！

まっかな　おようふく

サンタさん《さんた》

チャレンジ ♥♥♥

スタート《すたあと》

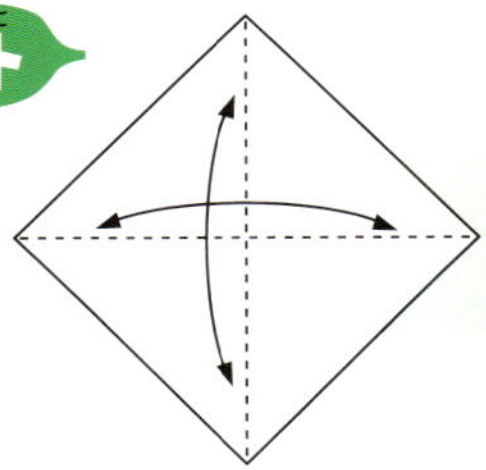

1 たてと　よこに
おりすじを　つける

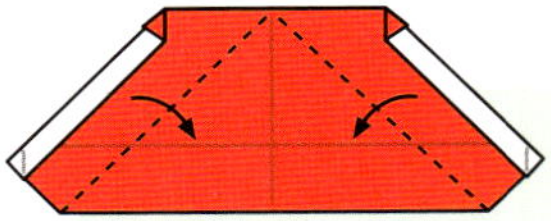

10 まんなかに
むかって　おる

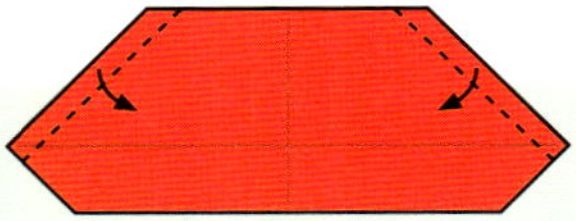

9 ずのように
てまえに　おる

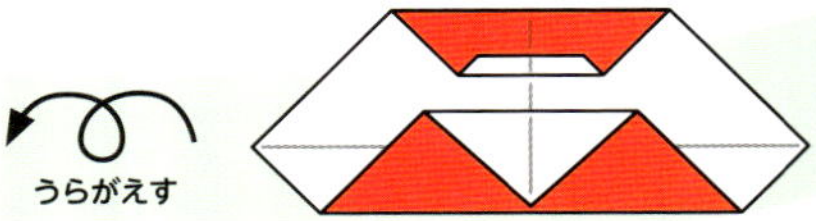

8 おったところ

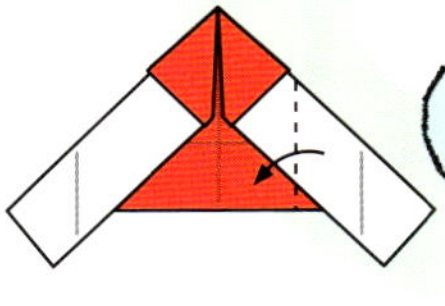

11 みぎがわを
てまえに　おる

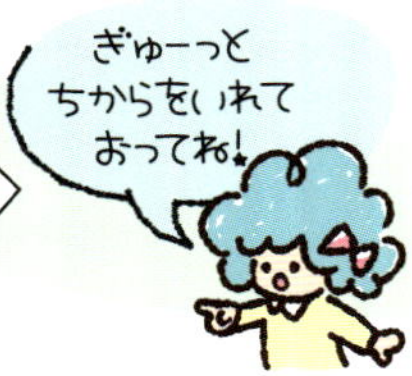

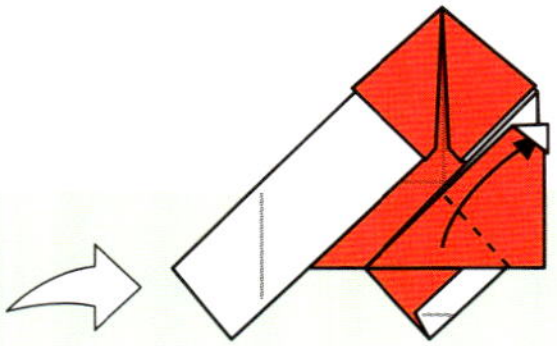

12 かどを　おって　さしこむ。
ひだりがわも　11〜12と
おなじように　おる

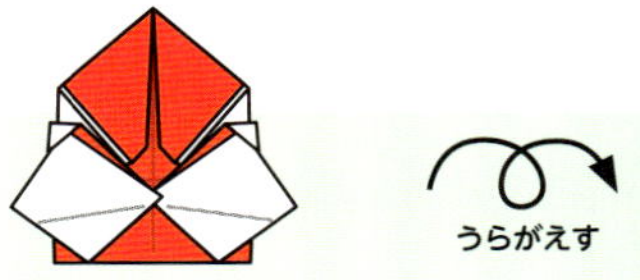

13 おったところ

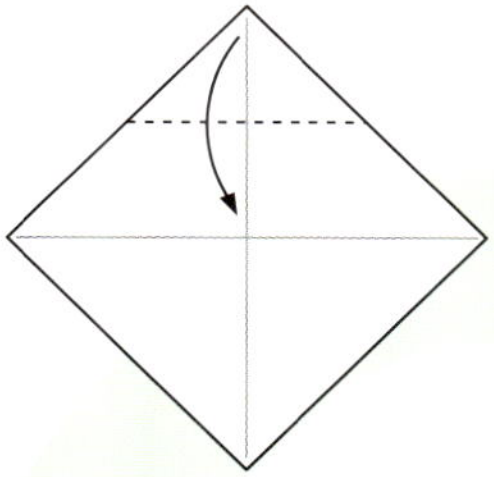

2 うえのかどを
まんなかに
むかって　おる

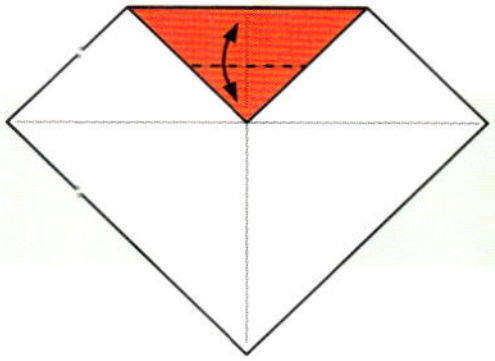

3 おりすじをつける

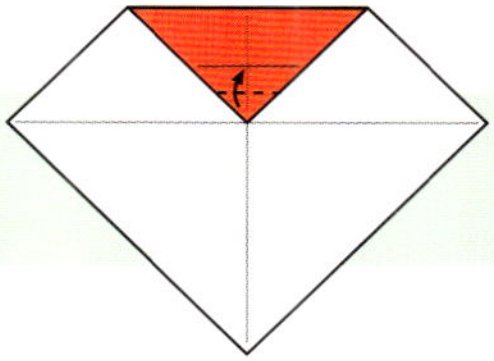

4 3のおりすじの
せんまで　おる

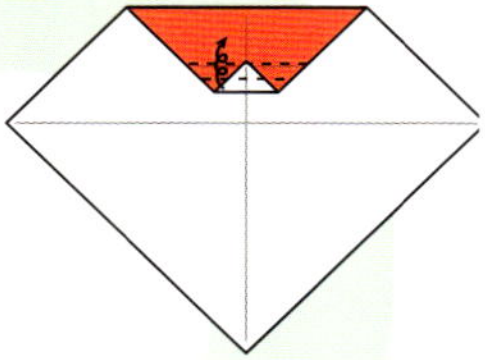

5 まくように
2かい　おる

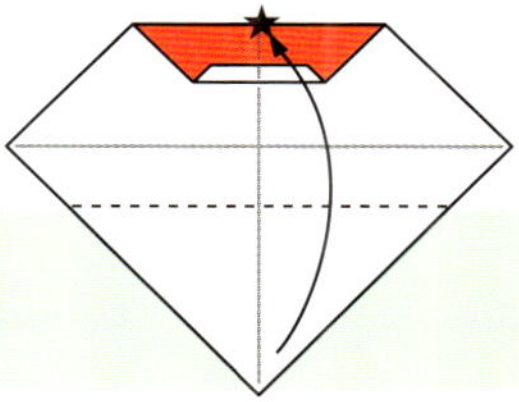

6 かどが　★につくように
うえに　おる

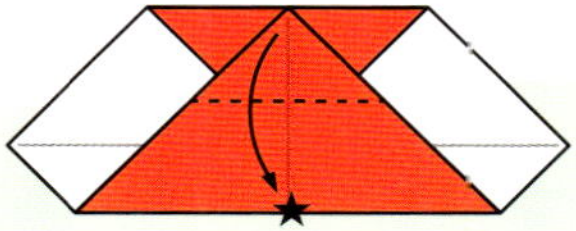

7 かどが　★につくように
したに　おる

できあがり

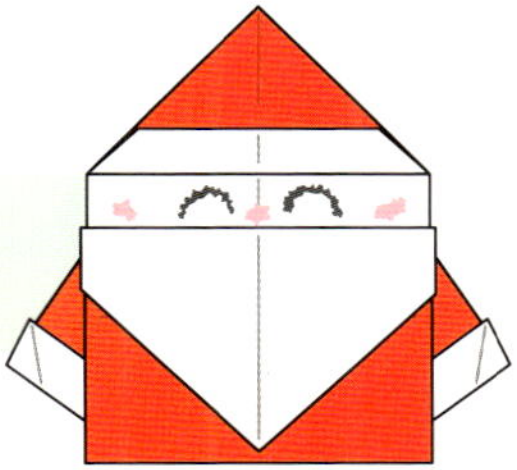

14 かおをかく

くみあわせてあそぼ！
46ページ
きらきらスター
ほしがかがやく
ツリーに
かざりつけ★

きらきら スター《すたあ》

ねがいを かなえて★

チャレンジ ♥♥♥

スタート《すたあと》

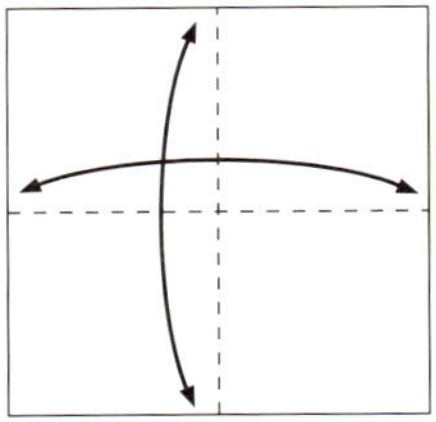

1 たてと よこに
おりすじを つける

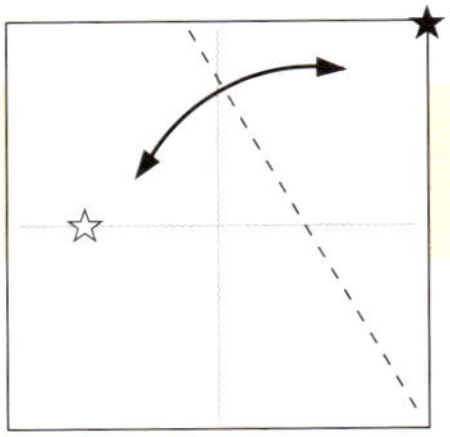

2 ★のかどが
☆のせんのうえに
かさなるように
おりすじを つける

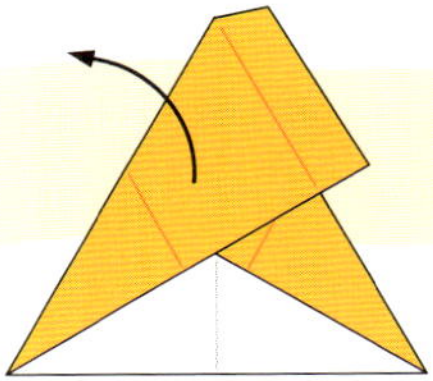

7 ひだりがわを
ひらく

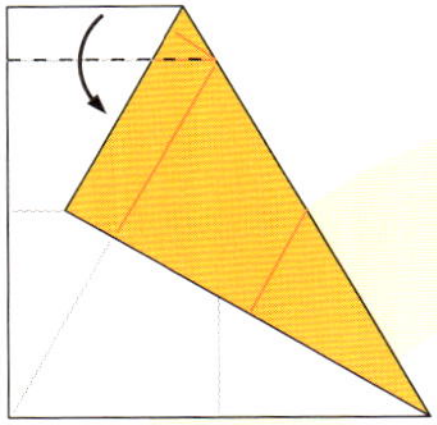

8 おりすじで
おる

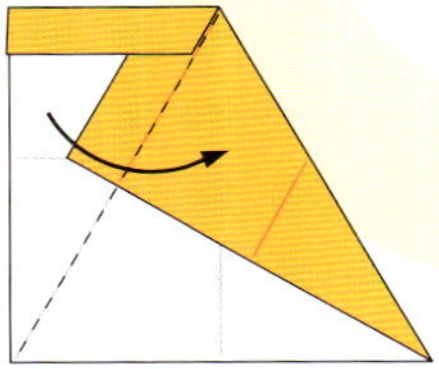

9 ひだりがわに
おる

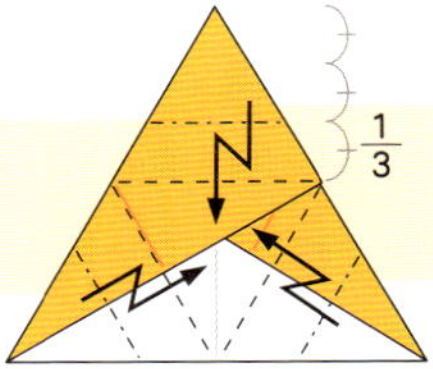

10 うちがわに むかって
だんに おる

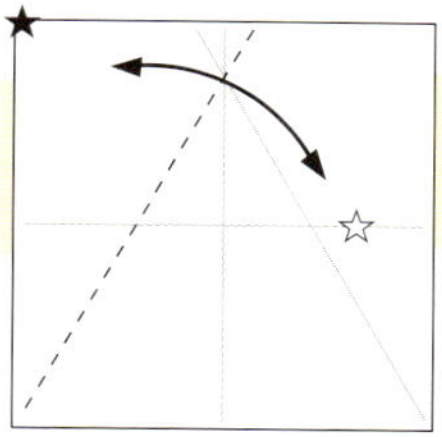

3 ひだりがわも
おなじように　おりすじを
つける

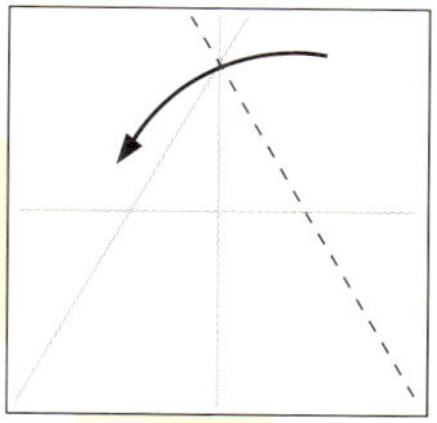

4 みぎがわを　おりすじの
とおりに　おる

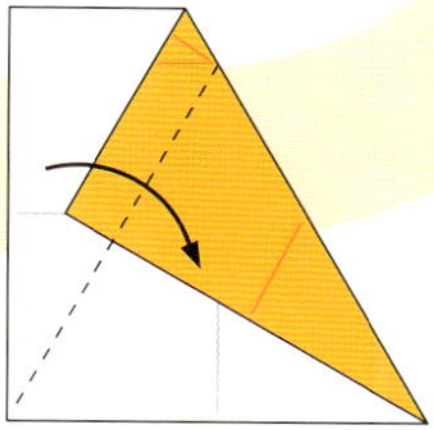

5 ひだりがわも
おりすじの　とおりに
おる

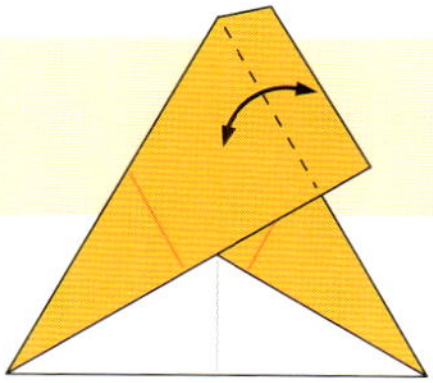

6 はみでた　ところに
おりすじを　つける

きらきら　ほしに
ねがいを　かけちゃお！

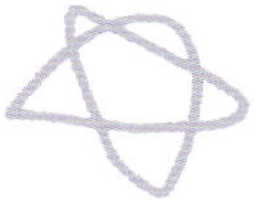

かざろう！
スズランテープにたくさんの星を
貼って、タペストリー風の壁飾りに！

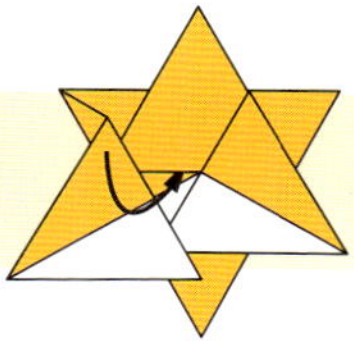

11 かどを
さしこむ

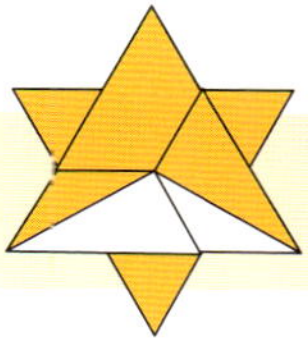

12 さしこんだところ

13 できあがり

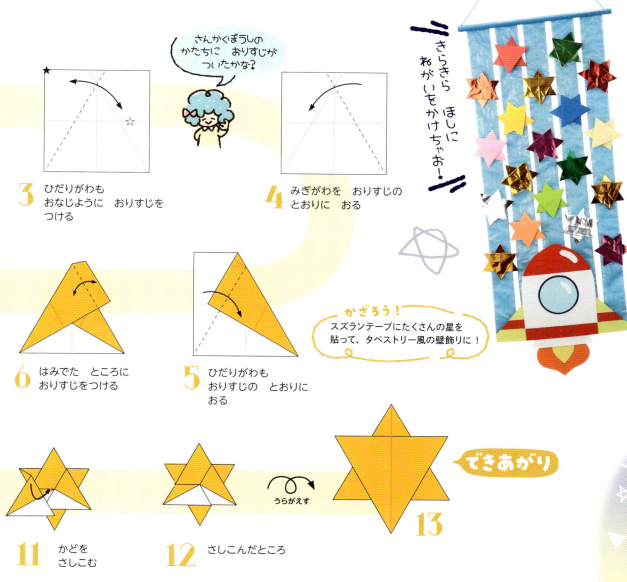

おりがみ案・監修

小林一夫（p16,p18-19,p26-27,p32-33,p38-39）
新宮文明（p13,p34-35,p42-43,p44-47）
たきがわたかし・たきがわきょうこ（p12,p30-31）
寺西恵里子（p8,p9,p17,p25,p28-29）
西田良子（p10-11,p20-21）
丹羽兌子（p14-15,p22-p24,p36-37,p40-41）

カバー・本文デザイン・本文イラスト ／ 坂野由香、石橋奈巳（株式会社リナリマ）
コラムイラスト ／ 北村友紀
おりがみ製作 ／ 尾田芳子、つかさみほ、寺西恵里子、やのちひろ、湯浅信江
飾り案製作 ／ あかまあきこ、尾田芳子、つかさみほ、やのちひろ
折り図イラスト ／ 西田良子、みつき、湯浅信江
キッズモデル協力 ／ 有限会社クレヨン
撮影 ／ 林 均
本文校正 ／ 有限会社くすのき舎
編集協力／東條美香
編集 ／ 吉田まりこ

Potブックスmini　おりがみコレクション

キュート！ときめきおりがみ

2019年10月　初版第1刷発行

編　者／ポット編集部

発行人／村野芳雄
編集人／西岡育子
発行所／株式会社チャイルド本社
　　　〒112-8512　東京都文京区小石川5-24-21
電話／03-3813-2141（営業）　03-3813-9445（編集）
振替／00100-4-38410
印刷・製本／共同印刷株式会社
ISBN978-4-8054-0287-0
NDC376　17×19cm　48P　Printed in Japan